Hildegard von Bingen
Gott sehen

SERIE PIPER
WEGE ZUR GANZHEIT
Band 2194

Zu diesem Buch

Hildegard von Bingen (1098–1179) war eine der großen Frauen des Mittelalters: zugleich Theologin, Naturkundlerin, Äbtissin, Ärztin und Dichterin. Der vorliegende Band versammelt die mystischen Texte aus ihrem literarischen Werk. Mystik bedeutet für Hildegard die Begegnung mit Gott als dem Schöpfer und Erhalter der Welt, also kein subjektives Zwiegespräch der Seele mit Gott, sondern Schau der innersten Zusammenhänge der Welt. In ihren Visionen sieht Hildegard die vollkommene Einheit der Schöpfung mit Gott: »Gott kann ja nicht direkt geschaut werden. Er wird vielmehr durch die Schöpfung erkannt.« Die Gotteserfahrung bleibt für sie aber nicht nur spirituelles Ereignis, sondern soll auf die Gestaltung des Alltags, die Heiligung des Lebens übertragen werden.

Die vorliegende Auswahl ist thematisch geordnet und kommentiert. Eine ausführliche Einleitung von Heinrich Schipperges führt in Leben und Werk Hildegards ein und erleichtert das Verständnis der großen Mystikerin, deren jahrhundertelang vergessenes oder verdrängtes Werk gegenwärtig eine Renaissance erlebt.

Der Herausgeber *Heinrich Schipperges,* geboren 1918 in Kleinenbroich, studierte Medizin und Philosophie. Promotion zum Dr. med. 1951, zum Dr. phil. 1952, 1960 Facharzt für Neurologie und Psychiatrie. Seit 1961 o. Professor für Geschichte der Medizin in Heidelberg. Mitherausgeber des Gesamtwerks der Hildegard von Bingen, zahlreiche wissenschaftliche Publikationen zu Hildegard.

Hildegard von Bingen

GOTT SEHEN

Herausgegeben und eingeleitet
von Heinrich Schipperges

Piper
München Zürich

Wege zur Ganzheit
Herausgegeben von Helmut Milz
und Matthias Varga von Kibéd

In der Reihe Serie Piper Wege zur Ganzheit
liegen außerdem vor:
Robert O. Becker, Der Funke des Lebens (2002)
Rupert Sheldrake / Terence McKenna / Ralph Abraham,
Denken am Rande des Undenkbaren (2004)
Jon Kabat-Zinn, Heilsame Umwege (2040)
Alan W. Watts, Weisheit des ungesicherten Weges (2071)
Joseph Campbell, Der Flug der Wildgans (2076)
Helmut Milz, Mit Kopf, Hand, Fuß, Bauch und Herz (2077)
Idries Shah, Magie des Ostens (2078)
Dina Glouberman, Der Hund, die Möhre, der Samowar
und das Fischerboot (2079)
Adriano Trevisan, Aikido (2080)
Tonius Timmermann, Die Musik des Menschen (2089)
Heiko Ernst, Die Weisheit des Körpers (2136)
Friedrich Weinreb, Selbstvertrauen, Aggression und Depression (2150)

ISBN 3-492-12194-2
Dezember 1985
4. Auflage, 18.–21. Tausend April 1995
R. Piper GmbH & Co. KG, München
Lizenzausgabe mit Genehmigung des Walter-Verlags, Olten

Umschlag: Federico Luci,
unter Verwendung eines Ausschnitts aus dem
»Codex Latinus 1942« (13. Jahrhundert)
Satz: Grafische Betriebe des Walter-Verlags
Druck und Bindung: Clausen & Bosse, Leck
Printed in Germany

INHALTSVERZEICHNIS

VORWORT

Das Werk der heiligen Hildegard von Bingen – über Jahrhunderte vergessen und verdrängt – ist in den letzten Jahrzehnten überraschend lebendig geworden und in den Mittelpunkt des geistesgeschichtlichen Interesses gerückt. Die Hildegard-Renaissance wird getragen von der Kunstgeschichte und der Symbolforschung, von der Medizingeschichte und einer allgemeinen Wissenschaftsgeschichte, und sie legt nahe, nun auch einmal die «mystischen» Texte der Seherin in einem geschlossenen Entwurf zu vermitteln.

Die Texte wurden aus dem Gesamtwerk Hildegards ausgewählt. Berücksichtigt wurde die deutsche Hildegard-Gesamtausgabe, die zwischen 1954 und 1972 bei Otto Müller in Salzburg erschienen ist. Alle Texte wurden überarbeitet; einige Abschnitte erscheinen erstmals in deutscher Übersetzung. Jedem Kapitel ist die lateinische Quelle und der Nachweis der Übersetzung beigefügt worden. Auf wissenschaftliche Anmerkungen wurde verzichtet. Literaturhinweise zum Hildegard-Verständnis vermittelt der Anhang.

Heidelberg, Januar 1978 Heinrich Schipperges

EINFÜHRUNG

Nicht ohne Bedenken sind wir dem Wunsche gefolgt, in einer Reihe «Mystische Texte des christlichen Abendlandes» nun auch das Werk der heiligen Hildegard von Bingen darzustellen. Wer über Hildegards Weltbild reden will, diese so faszinierende wie befremdende Bildwelt, kann es nicht ohne Verwunderung und Verwirrung, nicht ohne Verlegenheit tun. Die Welt des 20. Jahrhunderts ist einfach nicht mehr die des 12. Jahrhunderts. Wir dürfen nicht vergessen, daß der Fall Galilei dazwischen liegt, aber auch die große säkulare Zäsur der Wissenschaftsgeschichte, die sich vor genau hundert Jahren ereignet hat und die Friedrich Nietzsche als den «Abbruch der Tradition» charakterisieren konnte.

Im Prozeß einer zunehmenden Säkularisierung hat die mittelalterliche Theologie ihre Positionen vielfach den Gesellschaftswissenschaften oder auch der Naturwissenschaft überlassen. Wir sollten aber nicht vergessen – was wir freilich getan haben und im Grunde immer noch tun –, daß gerade diese Naturwissenschaften mit allem Anspruch einer Weltanschauung aufgetreten sind. Noch heute erleben wir die Entmythologisierung dieser seit dem 17. Jahrhundert immer systematischer sakralisierten Wissenschaft.

Es galt noch in der zweiten Hälfte des 19. Jahrhunderts in der wissenschaftlichen Öffentlichkeit als selbstverständlich, daß etwa die deutschen Naturforscher und Ärzte als eine geweihte Priesterschaft der Göttin Isis auftreten konnten, opfernd am Altare der Natur, Hohepriester der Natur, vor denen sich die Erde bräutlich neigte, auf ihren Jahresversammlungen als die Engel gepriesen, die unmittelbar das Antlitz des Allerhöchsten geschaut haben. Ihr Ziel war es, ihre Naturoffenbarungen einer endgültig zu erlösenden Menschheit zu vermitteln und auf diese Weise die Welt immer totaler zu planen und das Leben immer autonomer zu gestalten.

Auch in dieser Hinsicht ist die Welt von heute radikal anders geworden. Gerade die moderne Wissenschaft weiß nur zu gut, wie schnell sie den Anspruch einer allgemeinen Verbindlichkeit eingebüßt hat, wie sehr sie in einer Welt der Technik auf die reine Chiffrensprache bloßer spezialistischer Informationen zusammengeschrumpft ist. Der moderne Mensch baut sich kein Weltbild mehr!

Die Ansätze des 19. Jahrhunderts – vom «Kosmos» eines Alexander von Humboldt bis zu den «Welträtseln» Ernst Haeckels – sind vor unseren Augen ebenso verblichen wie jene Experimente eines utopischen Humanismus, der mit der künstlichen Züchtung eines neuen, des «höheren» Menschen, eines «Menschen nach dem Bilde des Menschen», die «mythischen Gottheiten» der Vergangenheit mehr und mehr lächerlich machen wollte.

Wissenschaftliche Welt und Glaubensgemeinschaften sind wieder in einen offenen Dialog getreten, zugleich aber auch in eine Auseinandersetzung. Sie sind kaum schon auf die gemeinsamen religiösen Grunderfahrungen gestoßen oder haben einen für unsere Tage verbindlichen Ausdruck gefunden. Die Fragen sind offen! Selbst ein so moderner Naturforscher und Philosoph wie Carl Friedrich von Weizsäcker hat bekennen müssen (1977): «Es ist keine Schande und keine Gefährdung, zuzugeben, daß die gedanklichen Probleme zwischen religiöser Wahrheit und modernem Bewußtsein ungelöst sind.»

Eine Schande ist es eher, daß die modernen Wissenschaftler und selbst aufgeschlossene Theologen von den religiösen Grunderfahrungen ihrer eigenen geistigen Tradition so wenig Kenntnis genommen und Gebrauch gemacht haben, von jenem uns immer wieder überraschenden und zutiefst faszinierenden Reichtum an religiöser Erfahrung in der mystischen Gottesbegegnung, die dann als bisweilen recht konkreter «Weg in die Welt» fruchtbar geworden ist.
Diese Überlegungen glaubte ich – mit allem Bedenken – in aller Kürze voraussteIlen zu müssen, ehe wir uns nunmehr ganz auf das Bild des Menschen einer anderen Welt einstellen, einer Zeit, zu der uns keine Brücke eines historischen Kontinuums führt, die wir vielmehr nur aus sich selbst heraus, von den Quellen her, aufsuchen müssen, wenn wir ihre Bildwelt wirklich antreffen wollen. Vor einer solchen Begegnung und zu einem solchen Treffen aber muß man – wie dies Görres einmal formuliert hat – «tief die Brunnen in der Dürre graben, bis man auf die Quellen stößt», auf die Quelle zumal eines mystisch verschlüsselten Weltbildes, wie es uns die heilige Hildegard von Bingen vermittelt.

*

Hildegard wurde im Jahre 1098 als zehntes Kind des Edelfreien Hildebert auf Gut Bermersheim bei Alzey im Rheinhessischen geboren und bereits als Kind der geistlichen Erziehung der Reklusin Jutta von Spanheim anvertraut. Auf dem Disibodenberg bei Bingen erhielt die «inclusa» ihren Elementarunterricht in der «Regula Benedicti», in der Liturgik und den damals blühenden «freien Künsten». Um 1114 nahm sie aus der Hand des Bischofs Otto von Bamberg den Schleier, um ihr ganzes Leben Gott zu weihen.

Nach Juttas Tod wird Hildegard im Jahre 1136 zur «magistra» des Frauenkonvents gewählt. Zwischen 1147 und 1152 baut sie auf dem Rupertsberg bei Bingen ein Kloster, das 1632 durch die Schweden zerstört wurde. Oberhalb Rüdesheim gründet die Äbtissin 1165 ein weiteres Kloster in einer leerstehenden Augustinerabtei, das 1802 säkularisiert wurde und heute Sitz der St.-Hildegardis-Abtei zu Eibingen ist.

Im Jahre 1141 schreibt Hildegard von Bingen unter dem Eindruck visionärer Erlebnisse und mit Hilfe des Mönches Volmar und der Nonne Richardis ihre erste Schau von der Schöpfung und Erlösung der Welt nieder, den «Liber Scivias» (Wisse die Wege). 1147/48 läßt Papst Eugen III. die Schrift durch eine Kommission auf dem Disibodenberg prüfen, um auf der Trierer Synode ihren visionären Charakter zu bestätigen. Bereits in dieser frühen Schrift begegnet uns nicht nur das mystische Welt- und Menschenbild, sondern auch ein politisches Dokument ersten Ranges, in welchem die Seherin – wie auch in zahlreichen Briefen an bedeutende Persönlichkeiten des politischen und kirchlichen Lebens – ihre Zeitkritik vorträgt.

Mit der Zeitkritik verknüpft sind die vier großen Predigtreisen, die in das Jahrzehnt zwischen 1160 und 1170 fallen und auf denen Hildegard im Stil der evangelischen Volkspredigt ihr weibisches Zeitalter (tempus muliebre) zur Umkehr aufruft. Die erste Missionsreise führt die Seherin – damals schon die «prophetissa teutonica» – um 1160 nach Mainz, Wertheim, Würzburg, Kitzingen, Ebrach und Bamberg, eine zweite nach Trier, Metz und Lothringen. Zwischen 1161 und 1163 fällt eine Rheinfahrt über Boppard, Andernach, Siegburg nach Köln und Werden an der Ruhr, vielleicht auch nach Lüttich. Auf ihrer letzten Predigtfahrt bereist Hildegard um 1170 Maulbronn, Hirsau, Kirchheim unter Teck und

Zwiefalten. Inhalt und Echo dieser Missionsreisen, die zu Pferd, mit dem Schiff, zu Fuß durchgeführt wurden, spiegeln sich in eigenen Sendschreiben sowie im Briefwechsel. Sie zeugen vom Ansehen der Prophetin wie auch vom Mut ihres öffentlichen Auftretens. Noch im hohen Alter kämpft die Äbtissin gegen das 1179 von den Mainzer Prälaten erlassene Interdikt und verschafft ihrem Kloster eine Ehrenrettung.

Von ihren letzten Lebensjahren weiß der Chronist zu berichten: «Ihr Leben war ständig das Bild eines kostbaren Sterbens. Was dem äußeren Menschen an Kräften abging, das wuchs dem inneren zu durch den Geist der Wissenschaft und Stärke, und während der Körper dahinschwand, brannte wunderbar in ihr die Glut des Geistes.» Ihr ganzes Leben war so – wie die «Vita» weiterhin schildert – gespannt auf die Zucht: «Vom tätigen Leben, das sie in Angriff genommen hatte, pflegte sie nicht zu irgendeinem banalen Tun zurückzukehren; sie entspannte sich vielmehr in einer gegenpoligen mystischen Schauung. Und umgekehrt ließ Gott sie von der Betrachtung Seiner unausschöpflichen Majestät wieder zurückkehren zur Last des tätigen Lebens. Auf diese Weise war sie im Fleische tätig und sehnte sich in der geistigen Betrachtung doch zugleich nach dem Lichte Gottes.»

Im Lichte Gottes starb Hildegard am 17. September 1179 in ihrem Kloster auf dem Rupertsberg bei Bingen. Der Chronist berichtet in der «Vita» von einer wunderbaren Lichterscheinung, die sich in Kreuzesform über dem Sterbegemach gezeigt habe, und er glaubt, daß Gott mit dieser Erscheinung habe zeigen wollen, «mit welcher Lichtfülle Er Seine Geliebte im Himmelreich verherrlicht hat».

*

Aus der Fülle dieses Lichtes allein sind nun auch Hildegards Werke zu verstehen. Im Mittelpunkt der «Opera Hildegardis» steht zunächst einmal die visionäre Trilogie. Von 1141 bis 1151 schrieb die Seherin am «Liber Scivias», einer Glaubenslehre, die Kosmologie und Anthropologie aufs engste mit der Theologie verknüpft. Zwischen 1158 und 1163 entstand der «Liber vitae meritorum» (Buch des verdienstlichen Lebens), Wechselgespräche der Tugenden und Laster nach Art der traditionellen Psychomachie. In das Jahrzehnt von 1163 bis 1173 fallen die Kosmosvisionen des «Liber divinorum operum» (Buch der Gotteswerke), das mit Recht als Hildegards zentrale schöpferische Leistung angesehen wird. In zehn Visionen entfaltet die Seherin eine kosmologisch unterbaute Heilsgeschichte von der Genesis bis zur Apokalypse, wobei die Deutung des Johannes-Prologs die verbindliche Sicht auf den Menschen als die leibhaftige Mitte des Kosmos zeigt. Die Einheit dieser Schöpfungsordnung umfaßt die Welt der Engel ebenso wie Pflanzen und Tiere; sie verknüpft das Sinnenleben mit dem Gnadenwirken und stellt den Menschen mit Leib und Seele, die Welt und die Kirche, Natur wie Gnade in die verbindliche Verantwortung einer universellen «operatio».

Die gleiche visionäre Perspektive bieten die Briefe und Lieder, die den Ruf der «rheinischen Sibylle» begründet haben und die sie zum «Orakel» für Kaiser und Päpste, für den Klerus wie das ganze Volk werden ließen. Zum visionären Schrifttum rechnen weiterhin kleinere Lehrstücke wie die «Regulae S. Benedicti Explanatio», eine «Explanatio Symboli S. Athanasii», der «Liber expositionis quorumdam Evangeliorum», ferner zwei hagiographische Studien auf lokaler Tradition fußend, die «Vita S. Ruperti» und die «Vita S. Disibodi». Zu erwähnen ist schließlich eine bislang nicht zureichend interpretierte «Lingua ignota».

In das Jahrzehnt zwischen 1150 und 1160 fallen die natur- und heilkundlichen Lehrschriften, die Hildegard den Ruf einer «ersten deutschen Naturforscherin und Ärztin» eingetragen haben. Die beiden Bücher sind als «Physica» und «Causae et curae» in den Druck gegangen, während sie in der handschriftlichen Fassung den Titel «Liber simplicis et compositae medicinae» tragen. Vermutlich gehen sie auf eine einheitliche Handschrift zurück, den «Liber subtilitatum diversarum naturarum creaturarum» (Buch von den feineren Eigenschaften der verschiedenen Naturen in der Schöpfung). In beiden Naturschriften, vor allem aber in der Physiologie, der Pathologie und in einer überraschend naturalistisch dargestellten Sexuallehre, sind Mensch und Welt nach einem durchgehenden anthropologischen Korrelationsgesetz aufeinander zugeordnet, da «alles, was in der Satzung Gottes steht, einander Antwort gibt».
Bei aller Berührung mit wissenschaftlichen Überlieferungen der Frühscholastik und bei aller Bezogenheit zur reichhaltigen Kosmologie des 12. Jahrhunderts nimmt Hildegards Weltbild eine Sonderstellung ein. Kurz vor dem Einbruch des arabisierten «neuen Aristoteles» bleibt diese Bildwelt ganz eingeborgen in die archaisch-sakramentale Lebensordnung des frühen Abendlandes – ein außerordentlich wichtiger Sachverhalt, der allein auch Hildegards geistesgeschichtliche Position in einer stürmisch bewegten Zeit verstehen läßt.

*

Mit dem 12. Jahrhundert sehen wir die Kloster- und Kathedralschulen in eine lebhafte Auseinandersetzung mit jenen gelehrten Genossenschaften treten, aus denen sich rasch – unter dem Einfluß des «neuen Aristoteles» – die Universitä-

ten entwickeln sollten. Diese vielschichtigen literarischen und sozialen Prozesse sind wiederum aufs engste verknüpft mit dem Stand des neuen Gelehrten selbst, wie er sich an den Höfen, in den Städten und auch in der Kirche zu emanzipieren vermochte. Durch akademische Grade und Privilegien wird diese «universitas magistrorum et discipulorum» rasch konsolidiert und dem Rittertum und Bürgertum eingeordnet. Der Stand des Akademikers repräsentiert von nun an jenes «Studium», das gleichrangig mit dem «Imperium» und dem «Sacerdotium» die gesellschaftlichen Säulen des hohen Mittelalters gebildet hat.
Dieser Zeitraum markiert in der Tat jene Höhe des Mittelalters, auf der Papst und Kaiser in erbitterter Auseinandersetzung stehen, wo der ungekrönte Kaiser und Papst, der Mönch Bernhard von Clairvaux, zu den Kreuzzügen ruft, wo ein Barbarossa den gelehrten Magister Gerhard von Cremona nach Toledo schickt, um dort den griechischen Ptolemaios aus dem Arabischen in das Lateinische zu übersetzen – allein dies schon ein abenteuerlicher Bildungsvorgang: ein deutscher Kaiser entsendet einen italienischen Privatgelehrten in das spanische Toledo, das gerade von musulmanischer Fremdherrschaft befreit war, um dort einen griechischen Astronomen aus dem arabischen Zwischentext in das Lateinische zu übertragen. Man muß dies als ein Ereignis ersten Ranges bezeichnen, über das dann im Zeichen des «neuen» Aristoteles die gesamte griechische Philosophie über syrisch-arabische Vermittlungen an die europäischen Universitäten gelangte, ja diese Universität erst eigentlich grundlegen, konstituieren konnte –: wahrhaftig eine Sternstunde des Mittelalters und die geistesgeschichtliche Wasserscheide in der Entwicklung der abendländischen Kultur.
Im Lichte eines gänzlich anderen Kairos haben wir dagegen

nunmehr Hildegards Bild von der Welt und vom Menschen zu suchen. Zwei Leitbilder illustrieren vor allem ihre Kosmos-Schrift: «opus» und «verbum». Gottes Wort ist am Werk in der Welt. Auf geheimnisvolle Weise greift der Aufbau dieser Welt, wie wir sie als Natur kennen, in den Ablauf der Welt ein, die wir Geschichte nennen. Beide Bereiche, die äußere und die innere Wirklichkeit, erhellt der Mensch in seiner leiblichen Existenz, und für beide, die Geschichte wie die Natur, ist er in seiner Lebensentscheidung verantwortlich.

Die volle Einheit der Schöpfung – in der Engelwelt, in der Natur von Pflanze und Tier, im Sinnenleben, im Seelenringen, im Gnadenwirken – ist durchlaufendes Thema aller Visionen Hildegards. Ihre Schau soll zeigen, wie alle Welt ihren Schöpfer verherrlicht, aber auch, wie sehr der Mensch – in seiner Verbindlichkeit von Leib und Geist, zwischen Welt und Kirche, in Natur wie Gnade – bei aller Berufung zu höherem Einklang in der harten Verantwortung seiner sittlichen Entscheidung immer nur bestehen oder versagen kann.

Eine dominierende Stellung nimmt in diesem Weltbild das Reich der Engel ein, bei aller strengen Geistigkeit in keiner Weise ein spirituelles Imperium oder eine autonome angelische Hierarchie, vielmehr eine durchgeistigte Zeichenwelt und ein persönlicher Botendienst zum Menschen. Der Engel ist denn auch beispielhaft der Zeuge für die wesentlichen Existenzbereiche des Menschen: seine Natur, seine Geschichte, seine Gemeinschaft. In der kosmischen «Ordnung der Liebe» stehen die Engel vor Gott als reines Lob (laus), ein spiegelndes, preisendes Sein, während die Natur im Tönen (sonus) verharrt, dem Schall und der Stimmung der Kreatur, indes der Mensch sich im Werk (opus) schöpferisch vollendet. Reiner Klang ist die Natur, reines Lob der Engel, wirklich schöpferische Welt nur der Mensch in seinem Weltwerk, das sich zwischen dem Rühmen der Engel und dem Raunen der Natur dichterisch vollzieht.

Aber die Engel sind auch Botengänger zum Menschen, und «nur um des Menschen willen sind sie im Amte». Gleich lodernden Flammen markieren sie den Heilsweg, und in der «viriditas scientiae» prägen sie den menschlichen Lebensstil –: Engel also gerade nicht des zarten Kindesalters, sondern Schutzgeister für den wachen Mann, der sich in der Krisis des reifenden Lebens verantwortlich zu erweisen hat. Von diesem thematischen Schwerpunkt aus ist denn allein auch die vielberufene, aber kaum zureichend erklärte Form von Hildegards Aussagen, der mystische Stil ihrer Visionen, zu verstehen.

*

Hildegard von Bingen hat in zahlreichen Schriften und Briefen immer wieder betont, daß die «Schau» nicht von ihr erfunden sei noch von einem anderen Menschen ersonnen und beeinflußt, daß sich ihr vielmehr plötzlich der Sinn der Schriften erschlossen habe, in Visionen, besser noch: Auditionen, in einer Intuition, die mit einem Male alle menschliche Vernunft erleuchtet. Und auch diese Vernunft, die in allen natürlichen Sinneswahrnehmungen bereits am Werke ist, hat wiederum drei verschiedene Eigenschaften: sie versteht (sapit), sie weiß (scit) und sieht ein (intellegit). Die Vernunft schaut alle Dinge im Lichte Gottes auf sinnliche Weise. Das Sehen nimmt wahr (amat), das Hören unterscheidet (discernit), der Geschmack kostet (sapit), das Riechen wählt aus (eligit), und das Tasten nimmt an, was gefällt. «Darin wird Gott, der alle Kreaturen geschaffen hat, vermittelt und abgebildet.» Im Spiegel des Glaubens schaut somit der Mensch auf

Gott, wie auch aus diesem Spiegel und solcher Spiegelung wiederum das Himmlische hineinleuchtet in die Herzen der Menschen. Für dieses erleuchtende Wissen bildet die Welt das Medium und den Schlüssel. «Gott kann ja nicht direkt geschaut werden; Er wird vielmehr durch die Schöpfung erkannt.»

Mit diesen Voraussetzungen sind wir nun an den Kernpunkt unserer Einführung angelangt, die uns den mystischen Stil und damit die eigentliche Aussagekraft der Visionen Hildegards näherbringen sollte. Wir wählen hierzu eine Reihe von Selbstbekenntnissen der Seherin aus, die sich in den Vorworten oder den Epilogen ihrer visionären Trias, aber auch in zahlreichen Briefen oder in den Auslegungen der Evangelien finden. Wir müssen dabei zugeben, daß uns eine zureichende Erklärung des «prophetischen Habitus» dieser einzigartigen Frau immer noch fehlt, zumal – bei allen großartigen biographischen Studien über die heilige Hildegard – immer noch keine wissenschaftliche «Pathographie» zur Verfügung steht. Die Erfahrungen Hildegards sind zu tief verbunden mit ihrem persönlichen Erleben und mehr noch ihrem Erleiden!

*

Bei ihren Visionen beruft sich Hildegard von Bingen des öfteren auf das Johannes-Evangelium, so in ihrer «Vita», wo sie über die «Schau von der Welt» (Liber divinorum operum) schreibt:

«Die erwähnte Schau lehrte mich die Worte und den Inhalt dieses Evangeliums, das vom Anfang des Werkes Gottes handelt, und gab mir das Verständnis hierzu. Und mir wurde einsichtig, daß diese Auslegung zugleich der Beginn einer anderen Schrift sein müßte, die noch nicht offenbar geworden war. In ihr sollten viele Fragen der geheimnisvollen Schöpfungsordnung Gottes untersucht werden.» Hildegard berichtet nicht ohne Erregung, wie sie von dieser neuen Schau auch körperlich mitgenommen worden sei: «Mein Innerstes ward vor diesem Gesicht erschüttert, und die Empfindungen meines Körpers erloschen, da mein Erkennen in eine völlig andere Weise – als ob ich mich selber nicht mehr kännte – umgewandelt ward. Und wie sanfte Regentropfen träufelte es aus Gottes Inspiration in mein Bewußtsein, so wie der Heilige Geist den Evangelisten Johannes betaut hat, als er aus Jesu Brust jene gewaltig-tiefe Offenbarung sog –: daß im Anfang das Wort war.»

Hildegards Mystik darf sicherlich nicht verwechselt werden mit Gestalten aus der «Christlichen Mystik» von Görres, nicht mit einer spanischen Mystik, nicht mit den spätmittelalterlichen Formen der «devotio moderna», ja nicht einmal mit der zeitgenössischen Mystik, etwa einer Elisabeth von Schönau, oder den Formen späterer Brautmystik. Der Begriff der Mystik ist bei Hildegard weitaus strenger zu fassen. Ihr mystisches Erleben beruht einzig und allein auf der persönlichen Erfahrung einer Begegnung mit Gott, und zwar nicht dem Gott als subjektivem Gesprächspartner der Seele, sondern jenem Gott, der die ganze Welt und den ganzen Menschen geschaffen hat. Folgerichtig vollzieht Hildegard in ihrer Kosmosschrift die Hereinnahme der gesamten Welt in die innere Begegnung mit dem fleischgewordenen Logos. Im Grunde begegnet die Mystikerin Hildegard immer nur Christus als dem Worte Gottes, dem Logos des Kosmos. Diese Erfahrung äußert sich sehr direkt und ganz unvermittelt in ihrem Schrifttum, weshalb Hildegard sich auch ausdrücklich von asketisch unterbauten Stufen eines Einweihungspfades und von jeder Art ekstatischer Seelenverfassung distanziert.

Wie Hildegard aus ihrer mystischen Begegnung mit dem Schöpferwort die Einheit der geschaffenen Welt voll und ganz erlebt, so kommt sie aus dem gleichen Erlebnis heraus auch als Visionärin zu einer überzeugenden Gesamtschau der Welt. Insofern darf die «Vision» Hildegards durchaus mit normalpsychologischen Maßstäben gemessen werden. Zu allen Zeiten und in jedem Kulturkreis hat es diese «Schau» der Wirklichkeit gegeben, bei dem griechischen «mantis» ebenso wie bei dem arabischen «kahin», – von den Erfahrungen der östlichen Mystik ganz zu schweigen. Selbst der Begriff der Inspiration, den noch Friedrich Nietzsche im «Ecce Homo» gegeben hat, bietet überraschende Ähnlichkeiten mit dem Visionsmodus Hildegards. Ebenso erlauben die Untersuchungen von E. R. Jaensch und Karl Jaspers ein einfühlendes Verständnis für die Bekenntnisse und Erlebnisse Hildegards, wie auch auf die «Visionen» bei C. G. Jung (1963) hingewiesen werden darf.

Hildegards Visionen sind ihrem Inhalte nach schon von Papst Eugen III. (1147/48) als «Privatoffenbarung» anerkannt worden. Sie stehen in Übereinstimmung mit der Lehre: daß Gott die Welt als gut erschaffen hat, daß der Mensch der Versuchung erlag und damit auch die Welt in Verwirrung brachte, daß Gott Mensch wurde, um die Welt zu erlösen. Mit dieser Offenbarung vermittelt Hildegard – über die Welt und in der Geschichte – die Verkündigung eines Gottes der Gerechtigkeit und der Güte. Hier ist das grundlegende Motiv dieser Visionen zu suchen. «Echt historischer Sinn ist der prophetische», wie Novalis dies formuliert hat, und weiter: «Visions-Sinn – erklärbar aus dem tiefen unendlichen Zusammenhange der ganzen Welt.»

Hildegard will in diesem Visionssinne den Reichtum der natürlichen Welt in einen unmittelbaren Zusammenhang mit dem Gnadenleben bringen; sie will damit nicht nur ihrer Zeit einen Spiegel vorhalten, sondern jeden einzelnen Menschen ansprechen und vor eine konkrete Entscheidung stellen. Denn dies ist das eigentliche Amt des Propheten: den Willen eines Höheren zu verkünden und mit dieser Kundgabe den Menschen vor eine Alternative zu stellen, in eine verantwortliche Entscheidung. In diesem Sinne dürfen wir Hildegard eine Prophetin nennen und damit auf einen alten Ehrentitel zurückgreifen, insofern bereits ihre Zeitgenossen in Hildegard die «prophetissa teutonica» verehrt haben, um sie mit der alttestamentarischen Gestalt der Prophetin Debora zu vergleichen.

Die eigentliche Bedeutung des Begriffes «propheta» ist umstritten. Der hebräische Wortsinn meint am ehesten «einen, der sprechen gemacht wird». Auch im Griechischen ist der Prophet «einer, der für einen anderen spricht», für Gott nämlich, wodurch er zum religiösen Künder wird. Das besagt der Begriff auch im arabischen Kulturkreis, wo der Inspirierte in erster Linie als ein Mann der Eingebung gesehen wird, als Träger einer Botschaft, die größer ist als der Bote. Der Prophet gehorcht einem Impuls Gottes, wenn er in der Herausstellung kritischer Situationen die Gegenwart auf ein Kommendes hin auslegt.

Wir dürfen Hildegard zu Recht eine Prophetin nennen. Nicht von ungefähr ist sie mit den großen Mahnern und Kündern des Alten Bundes verglichen worden, besonders mit Jeremias, dessen Empfindsamkeit und Schüchternheit so augenfällig dem heimlichen Zittern Hildegards vor ihrem Auftrag gleicht. Bei beiden siegt über die Natur des einfachen Menschen das Charisma der prophetischen Tat. Auch die Prophetin Hildegard greift in die konkrete Krisis ihrer Gegenwart ein und hat insofern Anteil an der Zukunft. Indem sie zum Gewissen redet, stellt sie ständig und inständig vor die Entscheidung. Dieser Alternative dient der ganze Reichtum an Weltbildern und die ganze Fülle menschlicher Bildungswelt. Im Bewußtsein ihrer Berufung darf sie zum Gewissen sprechen, weil sie Gedanken Gottes mitzuteilen hat und nicht allein ein profanes Bildungswissen.

Die Prophetin Hildegard, die gerade in ihrer Kosmologie und Anthropologie vor der Mystikerin und Visionärin Hildegard herausgehoben werden sollte, erklärt indes nicht nur den visionären Stil dieser Weltschau, sie vermittelt auch die mystische Vertiefung in ein derart umfassendes und verbindliches Weltbild. Denn hier haben wir es wahrhaftig mit der gesamten Wirklichkeit zu tun. Bei aller Vielfalt an theologischen, philosophischen, astronomischen, physikalischen Aspekten, zumal an medizinischen oder psychologischen Einzelelementen, finden wir dennoch keine mittelalterliche Seelenlehre und keine scholastische Physik, keinen Beitrag zur Physiologie und keine Naturphilosophie, nicht einmal ein dogmatisches System, obwohl gerade die Prophetin Hildegard sich in durchgehender Übereinstimmung mit der Ontologie altchristlicher Überlieferung befindet. Ebensowenig kommen wir an diese Weltenschau mit modernen wissenschcftlichen Methoden heran: Existentialismus und Tiefenpsychologie lassen uns genau so im Stich wie ein moderner Symbolismus. Selbst die philosophische Methodik des hohen Mittelalters würde uns eher den Zugang zu dieser Welt versperren; man braucht nur ein paar Seiten aus Thomas von Aquin gegen einen Passus dieser Visionen zu halten, um die durchgreifende Verschiedenheit in Geist und Stimmung beider Weltansichten zu spüren.

Am besten sollten wir daher nicht nach historischen oder philosophischen Kriterien suchen, sondern dem Text selber

Raum geben und Hildegard so hören, wie sie sich – deutlich genug – in jeder ihrer Visionen vernehmbar gemacht hat, wenn sie der Stimme folgt, die zu ihr sprach: «Sage und schreibe, was du siehst und hörst!»

*

Zahlreiche Texte zu Hildegards Sendungsbewußtsein sind uns überliefert worden, unter denen ein Schreiben an den Mönch Wibert von Gembloux «De modo visionis suae» besonders herauszuheben ist, wo es heißt:
«Die Worte, die ich spreche, habe ich nicht aus mir noch von einem anderen Menschen, sondern ich sage sie aus der Schau, die ich von oben empfangen habe ... Gott wirkt ja, wo Er will, zur Ehre Seines Namens und nicht zum Ruhme des irdischen Menschen. Ich aber, ich bin ständig von zitternder Furcht erfüllt. Keinerlei Sicherheit irgendeines Vermögens erkenne ich in mir selbst. Doch strecke ich meine Hände empor zu Gott: Er möge mich halten, wie eine Feder, die ohne jedes Gewicht sich im Winde dahintreiben läßt. Das aber, was ich schaue, kann ich nicht vollkommen wissen, solange ich in der Dienstbarkeit von Leib und Seele stehe, denn an beiden besteht beim Menschen ein Mangel.»
Hildegard beschreibt alsdann, wie ihrer Schau zufolge das erste Buch ihrer Visionen «Sci vias» genannt werden sollte: «Wisse die Wege des Herrn». Denn hier sei nur vom Wege des lebendigen Lichtes die Rede und von keiner anderen Lehre. Danach aber geht die Seherin systematischer auf den Modus ihrer Schauungen ein, wenn sie erzählt:
«Von meiner Kindheit an, als meine Gebeine, Nerven und Adern noch nicht ausgewachsen waren, erfreue ich mich der Gabe dieser Schau in meiner Seele bis zur gegenwärtigen

Stunde, wo ich doch schon mehr als siebzig Jahre alt bin. Und meine Seele steigt – wie Gott will – in dieser Schau empor bis in die Höhe des Firmaments … Ich sehe aber diese Dinge nicht mit den äußeren Augen und höre sie nicht mit den äußeren Ohren, auch nehme ich sie nicht mit den Gedanken meines Herzens wahr noch durch irgendwelche Vermittlung meiner fünf Sinne. Ich sehe sie vielmehr einzig in meiner Seele, mit offenen leiblichen Augen, ohne jemals die Bewußtlosigkeit einer Ekstase erlitten zu haben. Vielmehr schau ich dies – bei Tag und bei Nacht – ganz wachend.

Das Licht, das ich schaue, ist nicht an den Raum gebunden. Es ist weitaus lichter als eine Wolke, die die Sonne in sich trägt. An diesem Licht ist weder Höhe noch Länge noch Breite zu erkennen. Es wird mir bezeichnet als der ‹Schatten des lebendigen Lichts›. Und wie Sonne, Mond und Sterne im Wasser sich spiegeln, so leuchten mir Schriften, Reden, Vermögen und gewisse Werke der Menschen in ihm auf.

Oft werde ich auch durch Krankheiten stark gehemmt und derart in schwere Schmerzen verstrickt, daß sie mich zu Tode zu bringen drohen. Doch hat Gott mich bis jetzt immer wieder von neuem belebt … Die Worte in dieser Schau klingen nicht wie die Worte aus Menschenmund, sondern sie sind wie eine blitzende Flamme und wie eine im reinen Äther sich bewegende Wolke. Die Gestalt des Lichtes selber vermag ich indes nicht zu erkennen, wie ich ja auch die Sonnenscheibe nicht ungehindert anschauen kann. In diesem Licht sehe ich zuweilen, wenn auch nicht häufig, ein anderes Licht, das mir genannt wird ‹Das lebendige Licht›. Wann und wie ich es schaue, kann ich nicht sagen. Aber solange ich dies schaue, wird alle Traurigkeit und jedwede Angst von mir genommen, so daß ich mich wie ein einfaches junges Mädchen fühle und nicht wie eine alte Frau.»

Hildegards Erfahrungen und Verkündigungen kommen somit aus einem beständigen Lichtgrund, den sie den «Schatten des lebendigen Lichts» nennt und aus dem sie gelegentlich das Licht selber überfällt. Am Schluß der Kosmos-Schrift, in einem besonderen «Epilog», berichtet die Seherin noch einmal von diesem ihrem so leibhaftigen Erlebnis, das von ständigen körperlichen Krisen und seelischen Erschütterungen begleitet war:

«Und wiederum hörte ich eine Stimme vom Himmel, die mich diese Worte lehrte: Nun sei Gott Lob in Seinem Werke, dem Menschen! Um seiner Erlösung willen hat Er die gewaltigsten Kämpfe auf Erden gefochten. Er würdigte sich, ihn über die Himmel zu erheben. Zusammen mit den Engeln sollte er Sein Antlitz in jener Einheit loben, in der wahrer Gott und wahrer Mensch eines ist. Und so möge Er, der allmächtige Gott, mit dem Öle Seiner Barmherzigkeit auch die armselige Frau zu salben sich würdigen, durch die Er die vorliegende Schrift herausgegeben hat.

Sie selbst aber lebt ohne alle Sicherheit, und sie besitzt auch nicht die Wissenschaft, wie man sich aus jenen Schriften erbaut, die der Heilige Geist zur Unterweisung der Kirche vorlegte und die sich wie eine Mauer um eine große Stadt legen. Denn vom Tage ihrer Geburt an lebt diese Frau unter schmerzhaften Krankheiten wie in einem Netze verstrickt, so daß sie in ihren Adern, ihrem Mark und ihrem Fleische von Schmerzen ständig geplagt wird. Dennoch hat es dem Herrn bis jetzt nicht gefallen, sie aufzulösen. Denn sie sollte durch die Höhlung ihrer vernunftbegabten Seele bestimmte Geheimnisse Gottes auf geistige Weise schauen.

Diese Schau (visio) drang derart durch die Adern dieser Frau, daß sie davon oft unter großer Erschöpfung niedergeschlagen ward, indem sie bald leichter bald schwerer an der Erschöp-

fung einer Krankheit litt. Deshalb weicht ihr Lebenswandel von den Gewohnheiten anderer Menschen ab; sie ist eher wie ein Kind, dessen Adern noch nicht ausgereift sind, so daß es die Lebensweise der Menschen unterscheiden könnte. Dafür steht sie unter der Inspiration des Heiligen Geistes in einer dienenden Existenz: Sie besitzt nämlich eine besondere körperliche Komplexion aus der Luft, weshalb ihr auch aus dieser luftartigen Sphäre, vom Regen, vom Wind, von jedem Wetterumschlag die Krankheit eingeprägt wird, und zwar derart, daß sie auf keine Weise eine leibliche Sicherheit in sich zu halten vermag. Anders könnte wohl auch die Inspiration des Heiligen Geistes nicht in ihr wohnen.
Bisweilen weckt sie der Geist Gottes aus dieser Krankheit vom Tode mit der großen Macht Seiner Güte wie mit dem Tau der Erquickung auf, damit sie im Dienste der Eingebung des Heiligen Geistes noch weiter in der Zeit zu leben vermöge. Gott der Allmächtige aber, der jede Erschöpfung des Leidens dieser Frau wirklich erkannt hat, möge sich würdigen, Seine Gnade in ihr so zu vollenden, daß Seine Güte darob verherrlicht werde und daß ihre Seele, wenn sie aus dieser Welt in die ewige Glorie pilgert, sich freut, liebevoll von Ihm aufgenommen und gekrönt zu werden.
Das Buch des Lebens nun, das eine «Schrift des Wortes Gottes» ist, durch das alle Welt zum Dasein kam und das alles Leben nach dem Willen des ewigen Vaters und Seiner Vorsehung aus sich herausgehaucht hat, hat auch diese Schrift durch keine Lehre menschlicher Erkenntnis wunderbar herausgegeben, sondern durch eine einfältige und ungebildete Frau. So hat es Ihm gefallen!»

*

Bei allem Reichtum der anthropologischen Bilder und aller Vielfalt der kosmologischen Gliederungen ist in Hildegards Visionen nichts ohne das theologische Grundverständnis und ohne eine religiöse Grunderfahrung zu erklären. Die erste theologische Aussage betrifft Hildegards Trinitätslehre. Gott ist dreifaltige Einheit. Der Vater erzeugt den Sohn, Sein Spiegelbild, das Wort; aus beiden, Sohn und Vater, geht der Heilige Geist hervor. In Seinem Sohn, dem «Verbum», schafft Gott sein «Opus», die Welt. Alle Welt hat ihren Bestand in diesem Logos. Das Wort Gottes ist die «causa exemplaris» der Kreatur. In der geschaffenen Welt aber ist das Wort Fleisch geworden, um unter uns zu wohnen. Daß Gott Mensch werden wollte, lag von Ewigkeit her im Plan des Vaters. Im Gewande der Menschheit wollte sich Gott aller Welt offenbaren.

Hildegard vertritt mit dieser Lehre eindeutig – wie ihr Zeitgenosse Rupert von Deutz und wie später mit großer Entschiedenheit Duns Scotus – die «praedestinatio Christi absoluta», während Bonaventura und Thomas von Aquin die Inkarnation als Folge der ersten Sünde gedeutet haben, was für das gesamte Weltverständnis des christlichen Abendlandes nicht ohne Folgen bleiben konnte. Im Logos ist nach Hildegard der Kosmos zum Heil berufen und wird der Erlösung zugeführt. Christus ruft im Ablauf der Zeiten den Menschen und damit die Welt wieder zu sich. Die Geschichte als Heilsgeschichte führt die Welt notwendig auf das Welten-Ende zu und damit auf einen «neuen Himmel» und eine «neue Erde».

Alles kommt somit aus dem Wort, lebt aus dem Wort, wird durch das Wort Gottes erneuert. Genesis und Apokalypse finden ihren Sinn in Christus, dem Heiland der Welt. Sinn des Daseins ist die Güte Gottes, die das alles ins Werk gesetzt hat. Liebe ist somit das innerste Wesen, das Leben der Gottheit. Aus Liebe schuf Gott die Welt zum Leben und erlöste den Menschen zum Heil.

Vielleicht verstehen wir aus dieser theologischen Dimension eines Weltentwurfs heraus erst den Satz Hildegards, der sich an einer entscheidenden Stelle der Kosmos-Schrift findet: daß nämlich die gesamte Schöpfung so angelegt sei, daß sie in ihrem natürlichen Wachstumsprozeß bereits die Fülle des Fortschreitens austragen könne. Die natürliche Schöpfung garantiert bereits eine geistige Reifung. In seiner konkreten Leiblichkeit hat der Mensch Anteil an Schöpfung und Inkarnation. Als lebendiges Gewand Gottes konnte der Kosmos jenen Schöpfer offenbaren, der zwar der ganz Andere ist, der sich aber Sein Gewand auf einen Leib zugeschnitten hat. Der Mensch ist daher das volle Werk Gottes (opus plenum Dei). Mit diesem Weltbild haben wir eine ungemein geschlossene Bildungswelt vor uns: Bilder, die wir in doppelter Hinsicht zu übersetzen und behutsam zu interpetieren haben, damit wir nicht – wie Hildegards Biograph Wibert von Gembloux dies schon befürchtet hat – dem Esel gleichen, der Wein schleppt, ohne davon zu kosten!

*

Wenige Worte noch zur Sprache Hildegards. In den weitgespannten Visionen begegnet uns eine unvergleichlich verdichtete Weltdichtung, gesättigt mit symbolhaften Bildern und naturhaften Gleichnissen, vorgetragen mit einer prophetischen Bestimmtheit und doch vermittelt in einer eher schlichten und ungekünstelten Sprache. Hildegard selber hat sich nur als «humilis forma» verstanden, hat sich einen «simplex homo» genannt und von der «Ungebildetheit des einfachen Menschen» gesprochen. Wir wissen gut genug, daß dies kein humanistischer Topos einer affektierten Bescheidenheit war und auch kein Ausdruck christlicher Devotion. Hildegard ist nur am Rande den traditionellen Bildungsweg der «Artes liberales» gegangen und hat sicherlich nicht systematisch ein «Trivium» und «Quadrivium» beschritten. Beim Mangel an rhetorischen Kunstmitteln fällt denn auch nur zu oft das Ungeschliffene, Hölzerne, Holprige der Sprechweise ins Auge, von dem «mystischen Dunkel» mancher Textstellen ganz zu schweigen. Daran ändert auch die Überarbeitung der Mitarbeiter nur wenig, der Mönche Volmar und Wibert, die am einfachen Latein gefeilt und geschliffen haben, ohne freilich der Substanz der prophetischen Aussagen zu nahe zu treten.

Als Prophetin aber wollte Hildegard nichts anderes sein als das Instrument einer höheren Schau, als das Organ eines Klanges von oben, durch das nun der Ton erklingen sollte, die «tuba» nur, durch die ein anderer bläst, von dessen Atem allein diese Schauungen leben.

Einem Pariser Meister hat die «magistra Hildegardis» einmal ihre leibliche Schwachheit geklagt und ihre humanistische Unbildung bekannt, wenn sie schreibt: «Somit bin ich nicht durchtränkt von einer menschlichen Wissenschaft, auch nicht von besonderen Geisteskräften, strotze auch keineswegs von körperlicher Gesundheit, sondern fuße allein auf der Hilfe Gottes.» Gleichwohl habe es dem König der Herrlichkeiten gefallen, ein kleines Federchen von der Erde aufzulesen und im Winde Gottes dahinfliegen zu lassen. Und so schreibt die Seherin aus ihrer Schau, nicht in Entrückung oder Versenkung, sondern wachen Leibes, in wachsamer Ergründung, in der hellen Vision einer Prophetie. Was sie als Antwort von sich gibt, ist nicht menschliches Vermuten in humanistischer

Bildung, sondern die Gottheit selber: «das lebendige Licht des Heiligen Geistes im geheimen Wort aus der väterlichen Weisheit».

Bei aller uns immer wieder überraschenden Ausgewogenheit dieses Welt- und Menschenbildes, dem wir in den vorliegenden Texten gegenüberstehen, treffen wir gleichwohl nirgendwo auf die allegorische Systematik, die so kennzeichnend ist für die Scholastik des hohen Mittelalters. Es sind viel eher geschaute Gleichnisse, symbolistisch verdichtete Entwürfe, geistliche Bekenntnisse ebenso wie geistige Durchblickbahnen –: Gottesbegegnungen auf dem Wege der Heiligung des Menschen durch diese Welt. Unter diesem Gesichtspunkt allein wollen auch die folgenden mystischen Texte gelesen sein!

Bei der Auswahl der mystischen Texte aus dem Gesamtwerk der heiligen Hildegard von Bingen haben wir uns von einem führenden Aspekt geleiten lassen: von der Gottes-Begegnung des Menschen in der Welt, die einzig und allein einer Lebens-Heiligung zu dienen hat. Alle Grunderfahrung von Gott dient ja keineswegs einer religiösen Stimmung oder auch nur einer geistlichen Besinnung; sie will vielmehr unmittelbar auf die Gestaltung des Alltags, auf die bewußte Führung des eigenen Lebens, auf die Kultivierung der Gemeinschaft, auf die Heiligung der vollen Existenz übertragen werden. Drei gewaltige Themenkreise bauen sich damit vor uns auf und wollen mit visionärem Erleben gefüllt sein. Der erste Kreis ist erfüllt von «*Licht und Leben*»: Aus feurigem Grund der Ewigkeit quillt Licht der Vernunft in dreifaltigem Leben: Logos, der Fleisch geworden ist und die Heiligung des Lebens will. Der zweite Kreis betrifft «*Wort und Werk*»: die Erschaffung der Welt aus dem Wort, dargestellt an des Menschen Leiblichkeit, seiner elementaren Mitmenschlichkeit und seinem Werk an der Welt. Der dritte und letzte Themenkreis spricht von «*Heilung und Heil*»: vom Urstand in grünender Lebensfrische, von Adam und seinem Fall, dem Verfall der Natur und vom Menschen im Widersprich, von den Wegen der Heiligung im Aufbau der Goldenen Stadt und vom Leben im Himmlischen Jerusalem.

Mit diesem thematischen Leitfaden ist zugleich schon die Gliederung unserer Auswahl vorgezeichnet, wobei abschließend noch einmal betont werden muß, daß Wort und Werk uns nur wie durch ein Fenster (fenestraliter) gezeigt und in einer Spiegelschau (quasi per speculum) vor Augen geführt werden. Mit wieviel Liebe und Sorgfalt aber sind sie gezeichnet und beleuchtet, diese Spiegelbilder und Fensterblicke!

Alle Erscheinungen der Welt sind zum lebendigen Zeugnis göttlicher Herrlichkeit geworden: die Schönheit der Gefilde und die Erhabenheit der Gebirge, die Schauer der Abgründe und das Grünen in Wurzel und Blatt, die Leuchtkraft der Gestirne und der Glanz der Gezeiten, die Fruchtbarkeit der Geschlechter und die Folge der Generationen, aber auch die Widersprüche des Lebens, die Krisen der Existenz, das Krankwerden und Sterben –: alles das meint sich selbst und noch einen wesentlich innigeren Sinn, der uns mitgeteilt und vermittelt werden soll.

Die Seherin, vertraut mit den Geheimnissen Gottes, die «symmista Dei», will uns in den Nöten des Alltags zu einer Antwort verhelfen. Das vor allem ist es, was diesen «mystischen» Texten einen so unmittelbaren Bezug zur alltäglichen Lebenspraxis verleiht. Was in den Vordergrund tritt, ist weniger das Weltbild als die Lebenswelt, nicht nur die Heil-

kunst, sondern auch eine Lebenskunde; es sind im Grunde immer nur Probleme der Lebenspraxis und damit die Frage nach dem Lebenssinn. Nur so verstehen wir Hildegards Schlüsselwort:
«Wo aber solches Fragen im Menschen nicht ist,
da ist auch nicht die Antwort des Heiligen Geistes!»

*

ERSTER TEIL

LICHT UND LEBEN

Von der Tiefe bis hoch zu den Sternen
überflutet die Liebe das All,
liebend ist sie zugetan allem
(Carmina, 16)

Vom Werden im Licht

In ihrer Kosmos-Schau erblickt Hildegard von Bingen die dreifaltige Gottheit in der Gestalt eines Menschen. Die Gestalt ist Symbol für die Liebe, die in lichter Hoheit ins Leben tritt. Die Liebe ist das ganz heile Leben (vita integra), das auf vernünftige Weise in aller Schöpfung zum Ausdruck kommt. Als der Gipfel der höchsten Liebe aber wird verkündet, daß der Sohn Gottes Mensch werden wollte, um die Menschen wieder heimzuführen in die himmlische Heimat. Von diesem Geheimnis allein redet nun die erste «Schau»!

Und ich schaute im Geheimnisse Gottes inmitten der südlichen Lüfte ein wunderschönes Bild. Es hatte die Gestalt eines Menschen. Sein Antlitz war von solcher Schönheit und Klarheit, daß ich leichter in die Sonne hätte blicken können als in dieses Gesicht. Ein weiter Reif aus Gold umgab ringsum sein Haupt. In diesem Reif erschien oberhalb des Hauptes ein zweites Gesicht, wie das Antlitz eines älteren Mannes. Dessen Kinn und Bart rührten an den Scheitel des ersten Kopfes. Vom Hals der Gestalt ging beiderseits ein Flügel aus. Die Flügel erhoben sich über den erwähnten Reif und vereinigten sich oben. Am obersten Teil der Krümmung des rechten Flügels erschien der Kopf eines Adlers. Dessen Augen waren wie

Feuer, und es erstrahlte in ihnen wie in einem Spiegel der Engel Glanz. Auf dem obersten Teil der Krümmung des linken Flügels war ein Menschenhaupt, das leuchtete wie der Sterne Funkeln. Beide Gesichter waren nach dem Osten gewandt. Von den Schultern wallte ein Flügel hinab bis zu den Knien. Die Gestalt war gewandet in ein Kleid, das der Sonne gleich erglänzte. In ihren Händen trug sie ein Lamm, das leuchtete wie ein lichtklarer Tag. Die Gestalt sprach also:
Ich, die höchste und feurige Kraft, Ich habe jedweden Funken von Leben entzündet, und nichts Tödliches sprühe Ich aus. Ich entscheide über alle Wirklichkeit. Mit Meinen höheren Flügeln umfliege Ich den Erdkreis, denn mit Weisheit habe Ich das All recht geordnet. Ich, das feurige Leben göttlicher Wesenheit, Ich zünde hin über die Schönheit der Fluren, Ich leuchte in den Gewässern und brenne in Sonne, Mond und Sternen. Mit jedem Lufthauch, wie mit unsichtbarem Leben, das alles erhält, erwecke Ich alles zum Leben. Die Luft lebt im Grünen und Blühen. Die Wasser fließen, als ob sie lebten. Die Sonne lebt in ihrem Licht, und der Mond wird nach seinem Schwinden wieder vom Licht der Sonne entzündet, damit er gleichsam von neuem auflebe.
Auch die Sterne geben aus ihrem Licht, wie wenn sie lebten, klaren Schein. Die Säulen, die das ganze Erdenrund tragen, habe Ich aufgerichtet und ebenso die Windkräfte, die wiederum untergeordnete Flügel haben, sozusagen schwächere Winde, die durch ihre sanfte Kraft jenen mächtigen widerstehen, damit sie nicht zu gefährlich ausbrechen. So deckt auch der Körper die Seele und hält sie zusammen, damit sie sich nicht verhauche. Denn wie der Seele Hauch den Leib stärkt und festigt, damit er nicht dahinschwindet, so beleben auch die kräftigeren Winde die ihnen untergebenen Winde, damit sie ihren Dienst entsprechend versehen.

Und so ruhe Ich in aller Wirklichkeit verborgen als feurige Kraft. Alles brennt allein durch Mich, so wie der Atem den Menschen unablässig bewegt, gleich der windbewegten Flamme im Feuer. Dies alles lebt in seiner Wesenheit, und kein Tod ist darin. Denn Ich bin das Leben. Ich bin auch die Vernunft, die den Hauch jenes tönenden Wortes in sich trägt, durch das die ganze Schöpfung gemacht ist. Allem hauchte Ich Leben ein, so daß nichts davon in seiner Art sterblich ist. Denn Ich bin das Leben. Ich bin das ganz heile Leben: nicht aus Steinen geschlagen, nicht aus Zweigen erblüht, nicht wurzelnd in eines Mannes Zeugungskraft. Vielmehr hat alles Leben seine Wurzel in Mir. Die Vernunft ist die Wurzel, das tönende Wort erblühet aus ihr.
Da Gott nun Vernunft ist, wie könnte es geschehen, daß Er nicht am Werke wäre, Er, der doch jedes Seiner Werke aufblühen läßt durch den Menschen. Er schuf ihn ja nach Seinem Bild und Seiner Ähnlichkeit und zeichnete jedes Seiner Geschöpfe nach festem Maß in diesen Menschen. Von Ewigkeit lag es im Ratschlusse Gottes, daß Er Sein Werk – den Menschen – schaffen wollte. Und da Er dieses Werk vollendet, übergab Er dem Menschen die ganze Schöpfung, damit er mit ihr wirken könne, und zwar in genau der gleichen Weise wie auch Gott Sein Werk – den Menschen – gebildet hatte.
Und so diene Ich helfend. Denn alles Leben erglüht aus Mir. Das ewig sich gleichbleibende Leben bin Ich, ohne Ursprung und ohne Ende. Eben dies Leben ist Gott, stetig sich regend und ständig am Werk, und doch zeigt sich dies eine Leben in dreifacher Kraft. Denn die Ewigkeit wird «der Vater» genannt, das Wort «der Sohn», der Hauch, der beide verbindet, «der Heilige Geist». Und so hat es Gott auch im Menschen gezeichnet; in ihm sind der Körper, die Seele und die Vernunft. Daß Ich über die Schönheit der irdischen Gefilde flam-

me, das bedeutet: Die Erde ist der Stoff, aus dem Gott den Menschen gebildet, und daß Ich leuchte in den Gewässern, das deutet hin auf die Seele, die den ganzen Leib durchdringt, so wie das Wasser die ganze Erde durchströmt. Daß Ich brenne in Sonne und Mond, weist hin auf die Vernunft; sind doch die Sterne unzählbare Worte der Vernunft. Und daß Ich mit dem Lufthauch wie mit unsichtbarem Leben, das alles hält, das All lebensvoll erwecke, das bedeutet: Durch Luft und Wind wird all das, was im Wachstum reift, belebt und erhalten und weicht in nichts von dem ab, was in ihm ist.

Und wiederum hörte ich die Stimme vom Himmel, die zu mir sprach: Gott, der alles geschaffen, bildete den Menschen nach Seinem Bilde und Seiner Ähnlichkeit und zeichnete in ihm sowohl die höheren als auch die niederen Geschöpfe. Er hat ihn so sehr geliebt, daß Er ihn für jenen Platz bestimmte, aus dem der gefallene Engel geschleudert ward, und ihm alle Herrlichkeit und Ehre zuordnete, die jener mit seiner Seligkeit verloren hatte. Dies zeigt das Gesicht, das du schaust.

Denn was du im Geheimnisse Gottes inmitten der südlichen Lüfte als wunderschöne Gestalt erblickest, gleich wie ein Mensch gebildet, sinnbildet die Liebe des himmlischen Vaters. Die Liebe ist es –: in der Kraft der unvergänglichen Gottheit, von auserlesener Schönheit, wunderbar in ihren geheimnistiefen Gaben! Sie erscheint in Gestalt eines Menschen, weil der Sohn Gottes, als Er sich mit dem Fleische bekleidete, den verlorenen Menschen im Dienst der Liebe erlöste. Daher ist das Angesicht von solcher Schönheit und Klarheit, daß du leichter in die Sonne als in dieses Antlitz schauen könntest. Denn der Liebe Übermaß strahlt und funkelt in solch erhabenem Blitzesglanz ihrer Gaben, daß es jegliche Einsicht menschlichen Verstehens, mit dem man doch sonst in der Seele die verschiedensten Dinge erkennen kann, so weit über-

trifft, daß niemand es in seinem Sinnesvermögen zu fassen vermag. Hier aber wird dies in einem Sinnbild gezeigt, damit man dadurch im Glauben erkenne, was man mit äußeren Augen sichtbarlich nicht zu erschauen vermag.
Ein weiter Reif aus Gold umgibt ringsum das Haupt dieser Erscheinung, denn der umfassende Glaube, über das ganze Erdenrund ausgegossen, erstand aus der ersten Morgenröte lichtestem Glanze. Nur der Glaube erfaßt in tiefster Ehrfurcht das alles Begreifen übersteigende Übermaß dieser Liebe: daß Gott durch die Menschwerdung Seines Sohnes den Menschen erlöste und ihn durch die Eingießung des Heiligen Geistes festigte. So wird der Eine Gott in Seiner Dreifaltigkeit erkannt, Er, der ohne zeitlichen Anfang in Ewigkeit Gott war in Seiner Gottheit. In diesem Kreisbild oberhalb dieses Hauptes erblickst du noch einen anderen Kopf wie den eines älteren Mannes, was bedeutet: Die überwältigende Güte der Gottheit, die ohne Ursprung und Ende ist, eilt den Gläubigen zu Hilfe. Kinn und Bart berühren den Scheitel des ersten Gesichtes: Denn im gesamten Planen und Vorherwissen Gottes war das der Gipfel der höchsten Liebe, daß der Sohn Gottes in Seiner Menschheit die verlorenen Menschen heimführen sollte in das himmlische Reich. (LDO 741–745; WM 25–27)

Im Licht der Vernunft

Auf dem Flügel des Kosmos-Menschen erblickt die Seherin den Kopf eines Adlers mit feurigen Augen. In ihnen erscheint wie in einem Spiegel die Schar der Engel. In ihrer strahlenden Schönheit bringen die seligen Geister Gott ihre Hingabe dar. Sie verharren im Lobpreis ihres Schöpfers und lassen nicht mehr davon ab, weil sie Seine Fülle nie ausschöpfen können. Von diesen Engeln im Licht der Vernunft ist in der weiteren Schau die Rede und mit dem so geheimnisvollen Engelwesen immer auch vom Menschen. Aus diesem Geheimnisse heraus weiß die Seherin: «Gott ist das Feuer, aus dem die Engel brennen und leben. Er ist jene lichte Herrlichkeit, aus der die Fülle der Geheimnisse hervorquillt.»

Gott hatte alles, was Er gewirkt hat, vor dem Beginn der Zeit in Seiner Gegenwart. In der einen und heiligen Gottheit spiegeln sich nämlich alle sichtbaren und unsichtbaren Dinge ohne Augenblick und ohne Zeitablauf vor aller Ewigkeit, so wie auch Bäume und andere kreatürliche Dinge sich in naheliegenden Gewässern widerspiegeln, ohne doch körperlich in ihnen zu sein, wenngleich auch ihre Umrisse in diesem Spiegel erscheinen. Als aber Gott sprach: «Es werde!», da hüllten sich die Dinge sofort in ihre Gestalt, so wie sie Sein Vorherwissen vor der Zeit körperlos geschaut hatte. Wie nämlich in einem Spiegel alles, was vor ihm liegt, erglänzt, so erschienen in der heiligen Gottheit all ihre Werke zeitenlos. Wie aber sollte Gott sein ohne das Vorauswissen Seines Werkes? Ist doch jedes Werk, wenn es einmal mit einem Körper umhüllt ist, in seiner Funktion, die ihm anhaftet, volkommen; denn die heilige Gottheit wußte voraus, daß Sie in ihrem Wissen, Erkennen und Helfen mit am Werke sein würde. Wie nämlich der Strahl eines Lichtes die Gestalt eines Geschöpfes erkennen läßt, so schaute das reine Vorherwissen Gottes die Gestalten der Schöpfung, noch ehe sie in einen Körper gehüllt waren, weil jedes Ding, das Gott schaffen wollte, eben bevor dieses Ding verkörpert wurde, in Seinem Vorherwissen und nach Seinem Gleichbild aufstrahlte, so wie auch der Mensch den Glanz der Sonne erblickt, bevor er ihre Wirklichkeit selber zu schauen vermag.
Und wie der Sonnenglanz die Sonne anzeigt, so verkünden die Engel durch ihren Lobpreis Gott, und wie die Sonne nicht sein kann ohne ihr Licht, so ist auch die Gottheit nicht ohne

der Engel Preis. Das Vorherwissen Gottes ging also voraus, und Sein Werk folgte nach. Wäre dies Vorauswissen nicht vorhergegangen, so wäre das Werk nicht erschienen, so wie man auch vom Körper eines Menschen nichts kennt, wenn man nicht sein Antlitz erblickt. Sieht man jedoch einem Menschen ins Gesicht, so weiß man auch seinen ganzen Leib zu loben. Auf diese Weise leben das Vorherwissen Gottes und Sein Werk in Ihm...

Als Gott nämlich sprach: Es werde Licht!, da entstand das Licht der Vernunft. Das sind die Engel. Das sind diejenigen Engel, die in Wahrheit Gott die Treue hielten, aber auch jene, die in die äußerste Finsternis ohne alles Licht gefallen waren, weil sie nicht wahrhaben wollten, daß das wahre Licht, das in Ewigkeit vor allem Ursprung in Klarheit weste, Gott sei, und weil sie etwas Ihm Ähnliches ins Werk setzen wollten, dessen Existenz unmöglich war. Damals schuf Gott ein anderes Leben. Er senkte es in einen Körper ein und ließ es sich erheben. Und das ist der Mensch. Ihm gab Gott nun den Platz und die Ehre des verlorenen Engels, auf daß er Gott zum Ruhme vollende, was jener nicht machen wollte. Mit diesem Menschenantlitz aber werden jene bezeichnet, die zwar dem leiblichen Wirken nach der Welt hingegeben sind, in ihrer geistigen Gesinnung aber beständig Gott dienen und die bei all ihren weltlichen Verpflichtungen dennoch ihren geistlichen Gottesdienst nicht vergessen. Diese Gesichter sind gegen Osten gewendet, weil Geistliche wie Weltliche in ihrer Sehnsucht, Gott zu dienen und ihre Seele in diesem Leben zu bewahren, sich dorthin wenden sollen, wo der Ursprung heiligen Wandels und der Quell der Seligkeit ist.

Von jeder Schulter dieser Gestalt erstreckt sich ein Flügel bis hin zu den Knien, weil in der Kraft Seiner Liebe der Gottessohn die Gerechten und die Sünder zu sich versammelt und

sie beide gehalten hat: die einen gleichsam an den Schultern, weil sie recht gelebt hatten, die anderen an den Knien, da Er sie vom Weg des Unrechts zurückgerufen hatte. Sie alle machte Er zu Partnern einer höheren Gemeinschaft. In gleicher Weise hält ja auch ein Mensch das, was er tragen will, teils mit seinen Knien, teils mit der Schulter. In wissender Liebe wird der Mensch in den himmlischen und geistlichen Dingen auf eine unermeßliche Weise gelehrt, indem ihn die Gaben des Heiligen Geistes von oben mit reiner und heiliger Großherzigkeit durchdringen. Auch in seinen irdischen Belangen wird er zum Vorteil seiner leiblichen Bedürfnisse, wenn auch auf eine andere Weise, geleitet. Und dennoch weiß er sich gerade hier so schwach und hinfällig und sterblich, obwohl er von so vielen Gnadengaben gestärkt wird.
Auf diese Art und Weise hat die Liebe ihr Werk vollkommen gemacht, ganz allmählich und mit großer Umsicht, damit keine Schwäche bleibe, alles vielmehr vollendet sei... Die Liebe lebt im Rad der Ewigkeit und ist ohne Zeit wie die Glut im Feuer. Gott wußte in Seiner Ewigkeit schon um alle Geschöpfe, die Er in der Fülle der Liebe so bildete, daß der Mensch unter ihnen keiner Erquickung und keines Dienstes ermangelte, weil Er sie dem Menschen verband gleich wie die Flamme dem Feuer. (LDO 746–748; WM 28–32)

Das Licht der Vernunft kündet allezeit von den Wundern der sich dreifaltig offenbarenden Gottheit. Nach einem Hoftag in Mainz vom April 1163 hatte Bischof Eberhard von Bamberg die Äbtissin Hildegard auf dem Rupertsberg besucht und um Erklärung folgender trinitarischer Formel gebeten: «Im Vater west die Ewigkeit, im Sohne die Gleichheit, im Heiligen Geiste die Verbindung von Ewigkeit und Gleichheit.» Auf dieses Gespräch bezieht sich der Bischof und bittet die Seherin um eine schriftliche Auslegung. In ihrer Antwort beruft sich Hildegard auf ihre Schau im wahren Lichte und daß sie nur das wiederzugeben vermöge, was sie gesehen und gehört, und immer nur «mit Worten des wahren Lichtes, das niemals versagt».

Im Vater ist Lichtfülle, Glanz und feuriger Geist. Der Glanz aber gibt Augen. Und dieser Glanz ist der Sohn, der die Augen gab, als Er sprach: Es werde! Da erschien alles in lebendigem Auge leibhaftig... Die Vernunft aber hat drei Vermögen: den Klang, das Wort und den Hauch. Im Vater ist der Sohn wie das Wort im Klang; der Heilige Geist ist in beiden wie der Anhauch im Klang und im Wort. Diese drei Personen sind ein Gott. Im Vater west die Ewigkeit, weil niemand vor Ihm war und die Ewigkeit keinen Anfang hat, wie Gottes Werke doch einen Anfang haben. Im Sohne west die Gleichheit, weil der Sohn sich nie vom Vater trennte, noch der Vater jemals war ohne den Sohn. Im Heiligen Geist aber ist die Verbindung dieser Einheit zu denken, weil der Sohn immer im Vater bleibt, wie auch der Vater immer mit dem Sohne ist und weil der Heilige Geist in diesem Wesen die feurige Lebendigkeit ist: so sind sie eins. Es steht ja geschrieben: Der Geist des Herrn erfüllt den Erdkreis. Das bedeutet, daß keine Kreatur, ganz gleich, ob man sie sieht oder nicht, dieses geistigen Lebens entbehrt, auch wenn dies der Mensch nicht zu erkennen vermag. Von der Grünheit (viriditas) gehen die Blüten aus und von der Blüte die Frucht. Wolken ziehen ihre Bahn. Mond und Sterne flammen in Feuerkraft. Dürres Holz läßt vermöge dieser Grünkraft wieder Blüten sprießen. Wasser quillt auf in luftiger Leichtigkeit und ergießt sich in Bächen. Auch die Erde besitzt noch Feuchte und Dunst. Alle Kreatur hat Sichtbares und Unsichtbares an sich. Was man sieht, ist schwächlich; mächtig und lebensstark aber ist das Unsichtbare. Danach sucht die Wissenschaft des Menschen: daß er auch das begreifen lerne, obwohl er es nicht zu sehen bekommt. Dies aber sind die Kräfte und Vermögen in den Werken des Heiligen Geistes. Und die Tatsache, daß dieser Geist alles erhält, alles erfüllt –: Was hat dies denn zu bedeuten? Der Mensch enthält alles! Aber wie ist solches möglich? Durch seine Herrschaft, den Gebrauch und sein Befehlen. So gab ihm Gott ein Geschenk nach seinem eigenen Vermögen. Hat doch der Mensch das Wissen um das Wort mitbekommen: das ist die Vernunft, die mit der Stimme erklingt. Die Stimme ist der Leib, die Vernunft die Seele, die Wärme der Luft ist Feuerskraft: und alle sind eins. Wenn daher die Vernunft, im Wort Gestalt annehmend, durch die Stimme gehört wird, kommen alle ihre Werke zur Ausführung. Nur so kommt ihr schöpferisches Wirken zu; denn wie sie befiehlt, so wird es sein. Auf diese Weise bleiben all die Werke Gottes nicht leer. ... Somit ist Gottes Wirklichkeit nie vergeblich. Keines seiner Werke bleibt unvollständig, alle kommen sie vielmehr erfüllt zurück. (PL 168–171; Bw 68–71)

Dreifaltiges Leben

Mit einem eindrucksvollen Bild wird im «Wisse die Wege» das feurige Leben im Licht der Vernunft weiter beschrieben. Die Seherin erschaut die lichtblaue Gestalt eines Menschen, die von einer funkelnden Lohe umschlossen wird, die sich mit ihrem Licht durch die ganze Gestalt ergießt. Mit immer neuen Bildern und kühnen Vergleichen wird das Mysterium des dreifaltigen Lebens zu verstehen gegeben. Hier erhalten auch die Farben ihre eigene Dichtigkeit und strahlende Verklärung; sie erscheinen in ihrer wesenhaften Bedeutung und weisen hin auf den Sinn des Seins. Das Goldlicht des Grundes steht für die Ewigkeit Gottvaters, das Saphirblau der Menschengestalt bedeutet den Sohn, das Karminrot der funkelnden Lohe ist Zeichen des Heiligen Geistes.

Und wiederum hörte ich die Stimme vom Himmel. Sie sprach: So rufe denn und schreibe auf! Alsdann sah ich ein strahlendes Licht und darin die saphirblaue Gestalt eines Menschen, die durch und durch im sanften Rot einer flutenden Lohe funkelte. Das helle Licht durchflutete die funkelnde Lohe ganz und gar wie auch die funkelnde Lohe das helle Licht. Beide durchfluteten wiederum die Menschengestalt durch und durch, so daß alle drei als eine einzige Lichtfülle westen in einer Kraft und Macht...
Das Bild hat zu bedeuten: daß der Vater nicht ohne den Sohn und den Heiligen Geist, daß der Heilige Geist nicht ohne den Vater und den Sohn und daß der Sohn nicht ohne den Vater und den Heiligen Geist ist. Denn diese drei Personen sind *ein* Gott in der einen und ungeteilten Gottheit. Denn der Vater ist Vater, der Sohn ist Sohn, der Heilige Geist ist Heiliger Geist: drei Personen, unteilbar lebend in der Einheit der einen Gottheit.

Ein weiteres Beispiel natürlicher Vorgänge dient abermals als Spiegelung des Lebens der heiligen Dreifaltigkeit:

Drei Kräfte sind im Steine, drei in der Flamme, drei im Worte. Im Stein sind feuchtes Lebensgrün, tastbare Geschlossenheit, funkelndes Feuer. Das feuchte Lebensgrün ist in ihm, damit er sich nicht auflöse und zerfalle, die tastbare Geschlossenheit, damit er Wohnung und Verteidigung biete, das funkelnde Feuer, damit er erwärmt werde und gehärtet zu seiner Dauerhaftigkeit. Das feuchte Lebensgrün versinnbildlicht den Vater, der nie verdorrt und nie vergeht. Die tastbare Geschlossenheit deutet auf den Sohn hin, der aus der Jungfrau geboren wurde und also berührt und erfaßt werden kann. Das funkelnde Feuer ist Bild des Heiligen Geistes, der die Herzen der Gläubigen entzündet und erleuchtet... Wie nun diese drei Kräfte in dem einen Steine sind, so ist die wahre Dreiheit in der wahren Einheit.

Auch die Flamme hat in dem einen Glühen drei Kräfte, wie auch ein Gott in drei Personen ist. Die Flamme brennt in glänzendem Lichte, in purpurnem Hauch und in feuriger Glut. Durch das glänzende Licht leuchtet sie, durch den purpurnen Hauch flammt sie, durch die feurige Glut wärmt sie. In dem glänzenden Lichte betrachte den Vater, der aus Vaterliebe Seine Herrlichkeit in die Gläubigen ergießt. In dem purpurnen Hauch, der ihr innerlich eigen ist und durch den sie ihre Kraft bezeugt, erkenne den Sohn, der aus der Jungfrau Seinen Leib annahm, an dem die Gottheit ihre Wunder kundtat. In der feurigen Glut schaue den Heiligen Geist, der die Geister der Gläubigen zündend durchströmt... Wie also in der einen Flamme diese drei Kräfte erschaut werden, so die drei Personen in der Einheit Gottes.

Auch im Worte kann man drei Dinge unterscheiden, in denen die Dreiheit in der einen Gottheit zu erkennen ist. Wie ist dies nun zu verstehen? Im Wort sind Schall, Kraft und Hauch. Der Schall bewirkt, daß das Wort gehört wird, die Kraft, daß es vernommen wird, der Hauch, daß es zu seiner Fülle kommt. Im Schall erkenne den Vater, der mit unsäglicher Macht alles weithin offenbart, in der Kraft den Sohn, der wunderbar aus dem Vater gezeugt ist, im Hauch den Heiligen Geist, der milde in ihnen brennt. Wo aber kein Schall gehört wird, da kommt keine prägende Kraft zustande noch kann der Hauch seine Schwingen erheben, und so wird auch kein Wort verstanden. So sind der Vater, der Sohn und der Heilige Geist nicht voneinander geschieden, vielmehr wirken sie einmütig ihr Werk. Wie also die drei Dinge in dem einen Wort sind, so lebt die erhabene Dreifaltigkeit in der innigsten Einheit. (Sc 449–452; WW 154–157)

Daß die geheimnisvolle Dreifaltigkeit selbst in der leibhaftigen Zeugung des Menschen am Werke ist, wird in einem weiteren Vergleich bildhaft zu bedenken gegeben:

Drei Flügel weisen hin auf das Geheimnis der heiligen Dreifaltigkeit. Und so hat auch der Mann bei seinem Zeugungswerk drei Vermögen: die Geschlechtsbegierde, die Geschlechtskraft und den Geschlechtsakt. Die Begierde (concupiscentia) steckt die Geschlechtskraft (fortitudo) erst in Brand, so daß in beiden der Geschlechtsakt (studium) in inbrünstigem Verlangen vor sich gehen kann. Das ist so zu verstehen: Bei der Erschaffung Adams erwiesen sich drei Beweggründe als wirksam: Gottes Wollen bildete den Menschen in aller Macht, und dies vollbrachte Er in großer Güte, da Er den Menschen zu Seinem Bild und Gleichnis schuf. Unter dem Wollen Gottes (voluntas) sollst du also die Geschlechtsbegierde des Menschen verstehen, in der Macht Gottes (potestas) des Mannes Geschlechtskraft, in der Güte Gottes (pietas), die Wollen und Können vereint, den Geschlechtsakt, der Begierde und Potenz in sich trägt. Auf diese Weise wird durch den Mann aus der Frau das menschliche Geschlecht hervorgebracht. So hat auch Gott den Menschen aus dem Lehm der Erde gebildet: Wie nämlich die Erde in der Kraft des Keimes aus fruchtbarem Ackerlande lebt, so ist auch die Frau der fruchtbare Acker zur Erzeugung von Menschenkindern.

Wie ist das noch genauer zu verstehen?

Die Frau hat eine Reifungsphase, in der ihr Säftesystem sich öffnet, indem sich das feuchte Vermögen in ihr unter der Glut des Begehrens ausbreitet; sonst könnte sie nicht freiwillig den Mann aufnehmen und würde – in inbrünstiger Übereinstimmung mit seinem Verlangen – keine Kinder in die Welt setzen. Besäße sie nämlich nicht diese Kräfte ihrer erhitzten Säfte, so würde sie unfruchtbar bleiben. So bleibt ja auch die Erde trocken, wenn sie nicht zum Zwecke der Fruchtbarkeit umgepflügt wird. Die Frau besitzt aber die erwähnte Kraft in ihrem Säftesystem nicht immer; sie gelangt vielmehr nur dann in den Zustand einer von der Begierde entfachten Glut, wenn sie zuvor mit dem Manne in Kontakt gekommen ist. Dann erst spürt sie diese glühende Leidenschaft der Geschlechtsbegierde in sich aufkommen. In ihr herrscht nämlich die Geschlechtsbegierde von Natur aus nicht so heftig und so leidenschaftlich wie im Manne, der – stark wie ein Löwe – aus ist auf das Verlangen, Kinder zu erzeugen. Und so soll der Mann auch die Geschlechtskraft mit Begierde und Zeugungswerk vereinigen, während die Frau, dem Befehl seines Wollens unterworfen, andere Aufgaben hat. Ist sie doch beschäftigt mit dem Austragen der Kinder, bis sie diese ans Licht der Welt bringen kann. (Sc 460/61)

O Kraft der Weisheit,
du umkreist allen Kreislauf
umfassend das All,
auf einer Bahn, die das Leben hat.

Drei Flügel hast du:
der eine schwingt hoch in die Höhe,
der andre keimt aus der Erde,
der dritte schwingt sich, all überall.

Lob dir, alle Würde des Lobpreises,
o Weisheit.

(Carmina, 59)

Wie wunderbar ist doch das Wissen im Herzen der Gottheit,
das urewig jedes Geschöpf hat erschaut!
Denn Gott, da Er blickte ins Antlitz des Menschen,
den Er gebildet,
Er sah all Sein Werk insgesamt
in dieser Menschengestalt.
Wie wunderbar doch ist dieser Hauch,
der also den Menschen erweckte!
(Carmina, 60)

Im Anfang war das Wort

In der vierten Schau ihrer Kosmos-Schrift deutet die Seherin den Prolog des Johannes-Evangeliums auf die Welt und den Menschen. In dieser gewaltigen Vision ist die Rede von der Erschaffung der Welt aus dem Wort, vom Wesen der Engel, von der Gestaltung des Menschen und wie sich in seiner leibhaftigen Gestalt des Schöpfers Macht und Weisheit spiegelt. Der Leib des Menschen wird in seinen einzelnen Teilen mit der Menschwerdung des Wortes in Verbindung gebracht. Die Schau schließt mit der vollendeten Menschwerdung Gottes und der endgültigen Beseligung des Menschen.

«*Im Anfang war das Wort.*» Dies ist so zu verstehen: Ich, der Ich ohne Ursprung bin und von dem jedes Beginnen ausgeht, und der Ich der Alte der Tage bin, Ich sage: Ich bin Tag aus Mir selber, ein Tag, der nicht aus der Sonne erstrahlt, durch den vielmehr die Sonne entflammt ward. Ich bin auch die Vernunft, die nicht von einem anderen her sich vernehmbar macht, aus der vielmehr alles vernünftige Wesen atmet. So

habe Ich zur Anschauung Meines Antlitzes Spiegel geschaffen, in denen Ich alle Wunder Meiner Ursprünglichkeit, die nimmermehr aufhören, betrachte. Ich habe Mir diese Spiegelwesen bereitet, auf daß sie im Lobgesang mitklingen, denn Ich habe eine Stimme wie Donnerklang, mit der Ich das gesamte Weltall in lebendigen Tönen aller Kreatur in Bewegung halte. Dieses habe Ich gemacht, Ich, der Alte der Tage. Durch Mein Wort, das ohne Anfang in Mir war und ist, ließ Ich ein gewaltiges Leuchten, und in ihm unzählbare Funken, die Engel, hervorgehen. Als diese jedoch in ihrem Lichte zu Bewußtsein kamen, vergaßen sie Meiner und wollten so sein, wie Ich bin. Deshalb verwarf die Rache Meines strafenden Eifers im Donnertosen diese Wesen, die sich angemaßt hatten, Mir zu widersprechen. Denn es ist nur *ein* Gott, und kein anderer kann Gott sein.
Danach sprach Ich Mein kleines Werk, das der Mensch ist, in Mich hinein. Dieses formte Ich nach Meinem Bilde und Gleichnis, damit es sich darin auf Mich zu verwirkliche, weil Mein Sohn das Gewand des Fleisches als Mensch annehmen wollte. Jenes Werk habe Ich aus Meiner Vernunft geistig ausgestattet und in ihm Meine Möglichkeit ausgezeichnet, ähnlich wie der Geist des Menschen in seiner künstlerischen Fähigkeit durch Namen und Zahlen alles begreift. Nicht anders als durch Namen kann der Mensch das Wesen eines Dinges erfassen und nicht anders als durch die Zahl der Vielfalt der Dinge erkennen. Auch bin Ich ein Engel der Kraft, weil Ich Mich den himmlischen Heerscharen durch Wunderzeichen zu erkennen gebe und aller übrigen Kreatur im Glauben zeige. Darin können sie Mich als ihren Schöpfer erkennen, wiewohl Ich von keinem von ihnen vollkommen verkündet werden kann.
Der Mensch nun ist jene Gewandung, in der Mein Sohn, be-

kleidet mit königlicher Macht, sich als den Gott aller Schöpfung und als das Leben des Lebens zeigt. Die Heerschar der Engel aber, die eigens Seine königliche Macht umgeben, kann niemand zählen außer Gott. Jene anderen, die ihn einzeln als den Gott aller Kreaturen bekennen, kann keiner bis zum Ende verfolgen. Und jene schließlich, die Ihn als das Leben alles Lebens besonders anrufen, zu bezeichnen, würde keine Zunge genügen. Selig deshalb alle, die mit Ihm wohnen!
Sein Werk ist in die Gestalt des Menschen eingezeichnet. Dies soll nunmehr durch verschiedene Beispiele am Menschen aufgezeigt werden:
Das Rund seines *Hirnschädels* weist auf die beherrschende Kraft des Menschen hin; hält und regiert doch das Gehirn den gesamten Organismus. Wenn die Haare das Haupt schmükken, so sind damit des Menschen künstlerische Fähigkeiten gemeint. Auch in den Augenbrauen gibt Gott einen Hinweis auf des Menschen Kraft, weil diese Brauen ein Schutz für die Augen des Menschen sind, indem sie alles Schädliche von ihnen fernhalten. Daneben erscheinen sie als Zierde des Angesichts und sind wie der Winde Flügelschlag, mit dem diese sich heben und halten, einem Vogel gleich, der bald mit seinen Fittichen aufflattert und bald wieder im Schwingen einhält; weht doch auch der Wind aus Gottes Kraft, und das Wehen des Windes ist seiner Fittiche Schlag. Weiterhin offenbart Gott in den *Augen* des Menschen sein Wissen, durch das er alles vorhersieht und vorausweiß. Vieles machen die Augen aus sich heraus klar, da sie sichthaft und wasserartig sind, gleichermaßen wie der Schatten der anderen Geschöpfe im Wasserspiegel erscheint. Mit Hilfe seines Sehvermögens nämlich erkennt und unterscheidet der Mensch alles. Würde ihm diese Sehkraft fehlen, so wäre er einem Toten gleich. Weiter öffnet Gott mit dem *Hörvermögen* des Menschen alle

Klänge des Ruhmes über die verborgenen Geheimnisse und die Engelsscharen, von denen Gott wiederum gelobt wird. Unwürdig wäre es, wenn Gott nicht ganz aus Sich selbst heraus erkannt würde, wo doch schon ein Mensch vom Menschen mittels seines Hörvermögens erkannt werden kann. Ja sogar aus sich selbst heraus kommt hier der Mensch zu einem Verständnis des Ganzen. Er wäre gleichsam leer, würde er nicht hören und vernehmen können. Über die *Nase* zeigt Gott fernerhin die Weisheit, die als duftende Ordnung in allen Kunstwerken ruht, wie auch der Mensch durch sein Riechvermögen erkennen soll, was die Weisheit aufzuordnen hat. Der Duft breitet sich nämlich über alle Dinge aus und zieht dann die Weisheit an, auf daß sie erkennen lerne, was da ist und welcher Art es ist. Endlich bezeichnet Gott durch den *Mund* des Menschen Sein WORT, durch das Er alles erschaffen hat, gleich wie durch den Mund alles mit dem Klang des Geistes herausgebracht wird. Gar vieles bringt der Mensch mit diesem Laut hervor, wie auch Gottes WORT es beim Erschaffen in der Liebesumarmung tat, so daß Seinem Werk gar nichts fehlte. Und wie Wangen und Kinn um den Mund gelagert sind, so prägte sich diesem WORT bei Seinem Tönen jener Ursprung der gesamten Kreatur ein, damals, als *alles erschaffen wurde, da «im Anfang war das Wort, und das Wort war bei Gott, und Gott war das Wort»*.

Dies will folgendermaßen verstanden werden: Im Anfang jenes Ursprungs, da Gottes Wille sich zum schöpferischen Schaffen der Natur auftat – ohne solchen Beginn wäre Er ja bei sich selber geblieben, da Er sich nicht geoffenbart hätte –, war das WORT ohne den Anfang eines Ursprungs.

«*Und das Wort war bei Gott*», genauso wie das Wort sich in der Vernunft befindet, weil die Vernunft das Wort in sich hat und weil die Vernunft das Wort schon ist und somit eins vom

anderen nicht getrennt werden kann. Denn das Wort war ohne Anfang, vor dem Beginn der Schöpfung, wie auch bei deren Ursprung. Das gleiche Wort war sowohl vor dem Anfang als auch beim Entstehen der Kreaturen bei Gott, auf keine Weise von Gott getrennt. Mit diesem Seinem WORT wollte Gott ja, daß Sein Wort alles erschaffen sollte, so wie es von Ewigkeit geplant war.
Und warum wird Es das WORT genannt? Weil Es mit dem Schall Seiner Stimme die ganze Schöpfung geweckt und weil Es sie zu sich gerufen hat! Denn was Gott wörtlich ausdrückte, das befahl das WORT mit Seinem Erschallen, und was das WORT befahl, das sprach Gott im Worte wiederum aus. Und so war das WORT Gott. Das WORT war nämlich in Gott, und Gott sprach in Ihm Seinen ganzen Willen insgeheim aus, und dann ertönte das WORT und führte alle Geschöpfe ans Licht. Auf diese Weise sind Wort und Gott eins. Als das WORT erklang, verpflichtete Es sich die ganze Schöpfung, die in Ewigkeit vorherbestimmt und festgelegt war. Sein Schall erweckte alles zum Leben, so wie Gott dies im Menschen bezeichnet hat, der insgeheim das Wort in seinem Herzen spricht, ehe er es von sich gibt, jenes Wort, das beim Entsenden noch in ihm bleibt, und so ist das Gesprochene des Wortes im Wort. Als nun das WORT Gottes erklang, da erschien dieses WORT in jeder Kreatur, und dieser Laut war das Leben in jedem Geschöpf. Aus dem gleichen Wort heraus wirkt des Menschen Geist die Werke, aus dem gleichen Laut bringt die Vernunft ihre Werke tönend, rufend oder singend hervor, wie sie auch durch den Scharfsinn ihrer künstlerischen Fähigkeiten in der Kreatur tönende Musikinstrumente erklingen läßt. Ist doch der Mensch nach dem Bild Gottes durch seine lebendige Seele vernunftbegabt und zieht doch die Seele mit ihrer Glut das Fleisch an sich. In ihm erscheint das erste Gebilde des Fingers

Gottes, das Er in Adam gestaltete; die Seele durchdringt es voller Lebenskraft und füllt es mit ihrer Fülle beim Wachsen an. Ohne diese geisthafte Seele bewegt sich das Fleisch nicht. Die Seele erst versetzt das Fleisch in Bewegung und macht es lebendig. Denn das Fleisch ist so innig bei der geistigen Seele, wie alle Geschöpfe beim WORT sind. Auf solche Weise erschuf Es den Menschen im Willen des Vaters. Wie nun der Mensch ohne Gefäße nicht Mensch wäre, so könnte er auch nicht ohne die Verbindung mit der äußeren Natur leben; und weil der Mensch sterblich ist, kann er seinem Werk kein Leben verleihen; existiert er doch selber als ein ursprüngliches Leben in Gott. Gott aber ist es, der Seinem Werk auch Leben geben kann, weil Er selbst das Leben ohne Lebensanfang ist...

«*Es war ein Mensch von Gott gesandt.*» Dieser Mensch kannte nicht den Geschmack der irdischen Feuchte. Er war gesandt vom höchsten Schöpfer und nicht von einem Menschen; denn die Glut des WORTES Gottes hatte das dürre Fleisch seiner Eltern ergrünen lassen. Daher verhielt sich sein Fleisch in den meisten Dingen anders, als es die Gewohnheit der in Sünden Geborenen ist. Seine Eltern, angerührt von der Gnade Gottes, brachten ihn auf diese Weise ans Licht der Welt. Und unter Gottes Gnade schritt er, gesandt als Zeuge für den Sohn Gottes, in die Welt. Daher nannte der Engel ihn Johannes.

«*Sein Name war Johannes.*» All sein Tun stand im Einklang mit seinem Namen; denn Gottes Gnade kam ihm zuvor und stand ihm helfend zur Seite. Die Huld des WORTES, das Gott ist, sandte Johannes, damit er die wankelmütige Gesinnung der Menschen erschüttere. Er sollte die schwankende Natur des sündigen Menschen läutern. Daher besaß er eine beständige Natur und die rechte, geistige Gesinnung, in der nichts von des Menschen Wankelmütigkeit oder sündhaftem Triebe zu finden war. Gott aber, der Wunderbare, hat die Wunderta-

ten, die Er in Johannes wirkte, in eine Beziehung zum *Magen* gebracht. Denn der Magen fordert die Kräfte der Kreaturen, die er aufnimmt und wieder von sich gibt, auf daß er von ihrem Safte genährt werde. So hat Gott es als natürlich bestimmt. Sind doch in der ganzen Natur, in den Tieren, den Reptilien, Vögeln und Fischen, in den Pflanzen und Fruchtbäumen bestimmte verborgene Geheimnisse Gottes verhüllt, die kein Mensch, auch kein anderes Geschöpf, kennen oder empfinden kann, es sei denn, daß es ihm von Gott besonders geschenkt wird. Johannes aber war auf eine wunderbare Weise zu den Elementen gesandt, und wunderbar wurde er von ihnen unterhalten. Wie er von der gewöhnlichen Sünde frei war, so vermochte er auch in seiner Enthaltsamkeit wunderbar mit Hilfe der Elemente zu leben. War er doch ein ganz reiner Mensch, wert und würdig, als der Bote vor dem verborgenen Sohne Gottes, der die Welt in ihrer namenlosen Zahl setzte und alle Geschöpfe schuf, einherzugehen. Gerade dies wird mit dem Magen anschaulich gemacht. Wie die Welt alles enthält, so nimmt auch der Mensch durch den Stoffwechsel alle anderen Geschöpfe in sich auf. Und wie alle Kreatur aus Gott hervorging, so trug auch Adam alle Menschen in seiner Gestalt. Für diesen Menschen wurde der Gottessohn wahrhaft eine Weide, als Er nämlich seinerseits wieder den Menschen in Seiner Menschheit trug.
«*Er kam als Zeuge, auf daß er Zeugnis geben sollte von dem Licht, damit alle an Ihn glaubten.*» War doch Johannes unter wunderlichen Umständen, zwar nach der Art einer fleischlichen Geburt, aber doch auf wunderbare Weise, Mensch geworden. Und er lebte auch als ein wunderbarer Mensch. Nach Gottes Anordnung kam er zum Zeugnis der Geheimnisse Gottes. Er sollte Zeugnis ablegen durch die Kräfte, die in ihm wirksam waren, Zeugnis vom Lichte, das heißt von Gott, aus dem alles

Licht entfacht wird, auf daß alle, die durch den Heiligen Geist entflammt sind, an Gott glaubten, und zwar durch die Bezeugungen, die er wunderbar hervorbrachte. So kam er als Zeuge der Gottheit, die sich mit der menschlichen Natur bekleidete. Während er selber in welker Natur, noch ohne Lebensgrüne, geboren wurde, wies er auf den Sohn hin, der aus der Jungfrau Maria sündenlos geboren ward. Das war Mein Wille. Die Menschen sollten durch das Wunder, das Ich in Johannes wirkte, den Wundertaten Meines Sohnes glauben. Und wie in Johannes das Zeugnis offenbar wurde, so ist auch in den *Schenkeln* des Mannes ein wahrhaftes Zeugnis klargelegt, das Zeugnis aller nämlich, die geboren werden, und zwar das Geschlecht des ganzen Leibes. In dieser seiner Leiblichkeit sieht und fühlt der Mensch, denkt und wünscht er, wie er auch in seinem Wissen alles Wirken berechnet. Denn der Mensch ist Gottes Wunderwerk. So ist es nur gerecht, daß er Zeugnis ablege von den Wundertaten Gottes.

«*Er war nicht das Licht, er sollte nur Zeugnis ablegen vom Lichte.*»
Johannes war nicht etwa jenes Licht, das unteilbar ist, das sich nicht ändert, das Gott ist. Er kam vielmehr, von Gott gesandt, Zeugnis zu geben von Ihm, der das wahre Licht ist, das alles Leuchten entzündet. Denn Gott ist die reine Bedürfnislosigkeit, ganz in sich, ganz aus sich selbst. Er ist es, der alles in allem gemacht hat. Daher west Er in jedem geschaffenen Werke. In dieser Hinsicht kündete Johannes von Christus als ein bezeugtes Zeugnis. Wie eine Frucht Zeuge der Wurzel und ihrer Art ist, so stand er selber in Gottes Wundertaten auf. Daher konnte er diese Wunder bezeugen. Der Mensch aber ist solch ein bezeichnetes Werk und ein Licht aus Gott, das zu leben beginnt und das in seinem Fleische wieder zugrundegeht; auch hierin liegt wiederum ein Zeugnis für Gott vor, weil Gott nämlich so nicht ist.

«Das war das wahre Licht», Licht, das niemals durch einen Schatten verschleiert war und dem niemals eine Zeit des Dienens oder Herrschens, des Abnehmens oder Wachsens gegeben ward. Es ist vielmehr das Prinzip aller Ordnungen und das Licht allen Lichts, und leuchtend west Es aus sich selber. Denn Gott hat sich nie in der Tagesfrühe erhoben, in der Morgenröte aufsteigend, sondern Er ist immerdar in Ewigkeit gewesen. Er ist *«das Licht, das jeden Menschen erleuchtet, der in diese Welt kommt.»* (LDO 888–894; WM 169–177)

Er kam in die Welt

Mit seinem Lebenshauch durchströmt dieses Licht jeden Menschen, der Bein und Fleisch hat, der in die Welt eintritt, sobald er seinen Ursprung genommen hat... Und so ist der Mensch gleichsam das Licht aller übrigen Geschöpfe, die auf der Erde weilen. Deshalb drängen sie sich häufig an ihn heran und hangen ihm an mit großer Liebe. Auch der Mensch hat ein natürliches Verlangen nach der Kreatur, zu der er in Liebe brennt; oft und gern sucht er die Natur auf. Die Kreatur aber, die den Menschen nicht liebt, flieht ihn und verachtet die anderen Lebewesen, die Respekt vor dem Menschen zeigen, und verfolgt sie. Bei aller Furcht vor dem Menschen wird sie ihm gleichwohl gefährlich, greift ihn auch des öfteren an, um ihm nach dem Leben zu trachten.
«Er war in der Welt.» Aus dem Fleische der Jungfrau hat Er das königliche Gewand angezogen, damals, als die Heilige Gottheit sich in ihren Schoß herniederbeugte. So wurde Er auf eine ungewöhnliche Weise Mensch, nicht wie jeder andere Mensch. Denn Sein Fleisch ward durch die Heilige Gottheit

entflammt. Daher werden auch nach dem Jüngsten Tag, dann nämlich, wenn jeder Mensch verwandelt werden wird, die Seelen der Auserwählten ihre Leiber gläubig in den Himmel emporheben, jene Leiber, die sie früher in der Welt hatten. Das wird Gott vollbringen, aus sich selbst heraus in Seiner Kraft, die kein Geschöpf ermessen kann. Alsdann wird der Mensch mit Fleisch bekleidet, seine Gebeine werden wieder mit Mark angefüllt, ohne daß er fürderhin einen Mangel an Speise und Trank und Lebensmitteln spüren wird. Denn alsdann wird der Mensch in der Kraft der Gottheit einhergehen, ohne allen Wechsel der Veränderlichkeit, weil er Glied Christi im Guten geworden ist, jenes Christus, der, obwohl Gottes Sohn, in der Welt viel an Leiden und Widerspruch erduldete. Dies konnte der Teufel, der Erfinder aller Schliche, nicht wissen; hat er doch einen Anfang. Zwar beeilte er sich, ihn zu verneinen, er wie auch all seine Anhänger, die nicht auf Gott hören wollen. Gleichwohl vermochte er es nicht zu verhindern, daß der Mensch – trotz allem – in das unvergängliche Leben erhoben wurde.
«*Und die Welt ist durch Ihn geworden.*» Die Welt ist durch Ihn, nicht Er aus der Welt entstanden. Denn alle Schöpfung ist aus dem WORT Gottes hervorgegangen, alle Kreaturen, sowohl die sichtbaren als auch die unsichtbaren. Denn es gibt Geschöpfe, die nicht gesehen und getastet werden können, andere dagegen sieht und spürt man. Beide Arten schließt der Mensch in sich, und zwar in der Form von Seele und Leib; denn der Mensch ist gestaltet worden nach dem Bild und Gleichnis Gottes. Daher herrscht er durch das Wort und wirkt mit der Hand. Auf diese Weise ordnete Gott den Menschen auf sich zu, weil es in Seinem Willen beschlossen war, daß Sein Sohn sich aus dem Menschen inkarnieren sollte.
«*Allein die Welt hat Ihn nicht erkannt.*» Denn die Söhne dieser

Welt, verhaftet einem weltlichen Wandel, haben in der Blindheit ihrer Ignoranz Sein Kommen weder bemerkt noch Sein Wirken erkannt, gleich einem Kind, das Wissen und Wirken nicht kennt. Dies hat Gott in den *Schenkeln* und *Knien* des Menschen augenscheinlich gemacht, mit denen er auf das unwissend Kindische der Ungläubigen hinweist. Wie nämlich ein Kind noch nicht laufen kann, da sein Mark und seine Knochen noch nicht gefestigt sind, weil es ja mit Milch und weicher Speise ernährt wurde; wie ferner selbst der erwachsene Mensch ohne Beine und Füße mit Schenkeln und Knien allein nicht gehen könnte, so waren sie, mit Wissen und Wollen ungläubig, leer vom Feuer des Heiligen Geistes, durch das sie Gott anerkennen sollten, und sie vermochten es nicht, auf dem richtigen Wege zu wandeln.

«*Er kam in Sein Eigentum.*» Denn Er hatte die Welt erschaffen und sich mit der menschlichen Natur bekleidet. Daher sind alle Geschöpfe ein Hinweis auf Ihn, so wie eine Münze das Bild ihres Herrn zeigt. Gott hatte die Welt erschaffen, die Er bereiten wollte als eine Heimat für den Menschen. Weil Er die Menschheit anziehen wollte, machte Er den Menschen zu Seinem Bild und Gleichnis. Deshalb ist alles Sein Eigentum.

«*Aber die Seinigen nahmen Ihn nicht auf.*» Die Menschen waren die Seinigen, weil Er sie erschaffen hatte, weil Er sie besonders nach Seinem Bilde gemacht hatte. Trotzdem verleugneten sie Ihn, die sie Ihn nicht als ihren Schöpfer anerkannten, da sie nicht einsahen, daß sie von Ihm allein erschaffen worden waren. Die Ungläubigen nahmen nämlich Seine Menschheit nicht an; in ihrer ungläubigen Verblendung erkannten sie Gott nicht in Seiner menschlichen Natur. Dieser Sachverhalt findet folgende körperliche Entsprechung: In den *Beinen* des Menschen wird seine Jugendlichkeit bezeichnet, die töricht und nichtsnützig ist, jene Zeit, da der Mensch

Grün und Blüten und alle Welt haben möchte, wo er, weil Mark und Knochen schon vollkommen in ihm gefestigt sind, wähnt, klüger als alle anderen zu sein. So handelten die Juden und Heiden. Sie liebten die Eitelkeit der Welt, sie glaubten zu wissen, was sie nicht wußten, und zu sein, was sie nicht waren. Auf Ihn aber, der ihnen Fleisch und Geist gegeben, nahmen sie keine Rücksicht und glaubten nicht. Wie Jugend, von der äußeren Natur betrogen, sich ergötzt, so wandelte auch damals die Welt in eitlem Wahn. Daher war es notwendig geworden, daß Gott sich ihnen zeigte, daß Er sie an sich zog, wie Er auch befahl, daß man Esel und Füllen loslöse und Ihm zuführe, damals, als Er sich mit dem Gesetz der Wahrheit über sie stellte.

«*Allen aber, die Ihn aufnahmen, gab Er Macht, Kinder Gottes zu werden.*» Alle Menschen, beiderlei Geschlechts, die Ihn im Glauben aufnahmen als Gott und als Mensch (denn Gott wird zunächst im Glauben erfaßt, dann wird Gott als Mensch aufgenommen), alle erhielten aus Seiner gewaltigen Machtfülle jene Kraft, in freier Entscheidung Söhne des Vaters im himmlischen Reiche zu werden. Das heißt, sie sollten als Erben Seines Vermächtnisses mit Ihm Anteil haben an Seinem Reich, und zwar in der gleichen Macht, aus der heraus der Sohn Erbe seines Vaters ist. Die Ihn als ihren Gott und Schöpfer anerkannten, in Liebe umfingen und Ihm den Kuß des Glaubens schenkten, die ihr Eigenes von Ihm eifrig und sorgfältig durchforschen ließen, all diese wurden vom Tau des Heiligen Geistes überströmt. Aus ihnen begann alsbald die ganze Kirche zu sprießen und die Früchte höchster Freuden zu tragen. Daher ist es ihnen gegeben, durch die Kraft des wahren Glaubens Kinder Gottes zu sein…

«Auf diese Art und Weise ist der Mensch ein lebendiges Wesen. Alles, was ihm anhängt, hat durch ihn seine Lebenskraft.

Denn Gott hat den Menschen mit all seinem Anhang unter der Sonne geschaffen, damit der Mensch nicht einsam auf der Erde lebe, wie auch Gott selber im Himmel nicht einsam ist, vielmehr durch das Heer der himmlischen Harmonien verherrlicht wird. Alle Dinge aber, die auf Erden des Menschen Umwelt bilden, werden mit ihm auf der Erde ausharren, bis jene Zahl vollendet ist, die Gott ursprünglich bestimmt hat. Nach der kommenden Auferstehung aber benötigt der Mensch nichts mehr für seine natürliche Entwicklung und Unterhaltung; denn dann wird er in jener Herrlichkeit weilen, die nimmer vergeht und an der sich nichts mehr ändern wird. Alsdann wird der selige Mensch von der Heiligen Dreifaltigkeit in strahlende Herrlichkeit gekleidet; er wird den anschauen, der niemals von Anfang und Ende begrenzt ward. Nicht mehr wird der Mensch dann vom Alter und Überdruß befallen; lobsingend wird er immerzu neue Lieder anstimmen. So wird das Fleisch durch die Lebenskraft lebendig. Einzig und allein durch diese lebendige Kraft lebt es als Fleisch. Fleisch und Leben und das Leben mit dem Fleische sind ein einziges Leben. Dies war Gottes Absicht, als Er in Adam durch den Geist, den Er ihm einhauchte, Fleisch und Blut kräftigte; denn schon damals hatte Er jenes Fleisch im Auge, in das Er sich einzuhüllen gedachte. Und Er hatte es brennend lieb.» (LDO 894–899; WM 177–183)

Und das Wort ist Fleisch geworden

«*Und das* Wort *ist Fleisch geworden und hat unter uns gewohnt.*» Das Wort, das bei Gott ewiglich vor aller Zeit weste, das Gott selber war, hat durch die Glut des Heiligen Geistes aus

dem Schoß der Jungfrau Fleisch angenommen. Es hat sich dieses Fleisch so angezogen, wie auch die Gefäße Halt und Hülle des Körpers sind sowie die Träger des Blutlaufes, wiewohl sie selber nicht das Blut sind. Gott schuf ja den Menschen so, daß alle Kreatur ihm diente. Daher hat es Gott gefallen, das Gewand des Fleisches im Menschen anzunehmen. Auf folgende Weise hüllt sich das Wort in das Fleisch ein: Wort und Fleisch bildeten eine Lebenseinheit, nicht so, als wäre das eine in das andere umgewandelt worden, sondern sie sind eins in der Einheit der Person. So ist ja auch der Leib das hüllende Gewand der Seele, und die Seele leistet mit dem Fleische Dienst beim Handeln. Der Körper wäre nämlich nichts ohne die Seele, die Seele würde nichts ohne den Körper verwirklichen. So sind sie nun im Menschen eins, und der Mensch stimmt dem zu. Und so ist das Werk Gottes, der Mensch, zum Bild und Gleichnis Gottes erschaffen worden. Sobald der Geisthauch dem Menschen von Gott zugesandt wird, bilden dieser Hauch und das Fleisch einen einzigen Menschen. Das WORT Gottes aber nahm aus dem ungepflügten Fleische der Jungfrau ohne jedweden Lustbrand der Leidenschaft Fleisch an, so daß das WORT WORT blieb, das Fleisch Fleisch und daß sie doch eine Einheit wurden, weil das Wort, das ohne Zeit vor aller Zeit im Vater war, das sich nicht verändert, dennoch sich einhüllte in das Fleisch.
«*Und hat unter uns gewohnt.*» Einmal Mensch geworden ohne die Schuld, wohnte Es wie ein Mensch unter uns. Es verachtete unser Menschtum keineswegs; sind wir doch auch mit dem Geisthauch eines lebendigen Menschen versehen und nach Seinem Bild und Gleichnis gestaltet. Deshalb wohnen wir auch in Ihm. Denn wir sind Sein Werk. Er trägt uns immerdar in Seiner Vorsehung und vergißt unser nicht.
«*Und wir haben Seine Herrlichkeit gesehen.*» Wir, die wir mit

Ihm lebten, sahen Ihn im vertrauten Umgang, wie Er sündenlos in Seiner wunderbaren Natur in diese Welt eintrat: *«die Herrlichkeit des Eingeborenen vom Vater»*. Hiermit wird noch einmal ausgedrückt, daß Er auf wunderbare Weise vor aller Zeit vom Vater geboren, Er, der Eingeborene, Seine Herrlichkeit wunderbar vom Vater herkommend offenbarte, als Ihn die Jungfrau aus der Glut des Heiligen Geistes empfing. Dazu hatte es nicht des Geschlechtsaktes eines Mannes bedurft, so wie jeder andere Mensch vom Manne, seinem Vater, in Sünden gesät wird. Gott hatte ja den Menschen aus dem Lehm gestaltet und in ihn den Geisthauch des Lebens gesandt. Daher nahm Gottes WORT auch im Menschen das königliche Gewand mit der vernunftbegabten Seele an; Er zog es ganz und gar an sich, und Er blieb darin. Denn auch der Geisthauch, im Menschen Seele genannt, durchdringt das Fleisch voll und ganz und hält es für ein erfreuliches Gewand und für eine schöne Zier. Deshalb hat er es gern und stimmt mit ihm überein, auch wenn sein Wesen in ihm nicht mit den Augen wahrgenommen werden kann. Somit fordert der Mensch dieses hüllende Gewand des Lebens, einerseits aus dem Trieb der Natur heraus, andererseits aber auch aus dem Zug seiner Seele. Und weil Gott nichts in der Natur ohne ein besonderes Vermögen und nichts mit dem Charakter des Leeren geschaffen hat, deshalb wirkt auch der Mensch immerzu wunderbare Dinge. Und dieses WORT ist *«voll der Gnade und der Wahrheit»*.

In der Fülle der Gnade hatte das WORT das All in Seiner Gottheit erschaffen und es durch Seine Menschheit erlöst. In der Fülle der Wahrheit existiert Es, weil keine Lüge, nichts Unwürdiges und Schuldiges Es anrühren konnte; noch schloß Es selber sich solchem an, denn Es ist der Herr, der durch Seinen Kampf das Böse besiegte, jene Bosheit, die ohne Gott ist und keinen Seinsbestand hat. So ist denn dieses WORT, Gottes wahrer Sohn, voll der Gnade, die Es verschenkt und erläßt nach Seiner Barmherzigkeit. Dieses WORT hat sich dabei in Seiner Gottheit nicht vermindert; aber Es hat sich das Menschtum angezogen. Auch Seine Menschheit ist voll Fülle, da keine Runzel einer Sünde der menschlichen Natur Es angerührt hat. Die Fülle der Wahrheit ist dieses WORT, weil Es schenkt, verzeiht und richtet, wie es recht ist. Dies tut der Mensch nicht, weil er in der Makel der Sünde empfangen und geboren wurde. Auf diese Weise ist Gott rund, einem Rade ähnlich. Alles schafft Er; das Gute will und vollendet Er. Denn Gottes Willen hatte alles vorbereitet, was Gottes WORT geschaffen. (LDO 899–900; WM 183–184)

ALLES FLEISCH WILL LEBEN

Urkraft der Ewigkeit,
in Deinem Herzen ist alles geordnet,
erschaffen ist alles, wie Du gewollt, durch Dein Wort.
Und dieses Dein Wort,
es zog Fleisch an in jener Gestalt,
wie sie von Adam her stammt.
(Carmina, 58)

Gottes lebendige Schöpferkraft erweist sich in drei gewaltigen Ordnungsbereichen des Lebens: im Kreislauf der Natur, in den Ordnungen der Zeit und im Ablauf der Heilsgeschichte. Geschichte und Natur zeigen sich in einer überraschend geschlossenen Verbindlichkeit. Die ganze Welt ist mit dem Menschen aufgebrochen und auf dem Wege zur Heiligung: Alles Fleisch will Leben; alles Leben will Heil –: in der Natur, mit der Zeit, in einer wunderbaren Heilsgeschichte!

Im Kreislauf der Natur

Der erste Ordnungskreis der Heilsgeschichte betrifft die Natur. In der fünften Vision ihrer Weltschau greift Hildegard abermals auf die Erschaffung der Welt zurück, mit der alle Naturgesetzlichkeit zeitlich verankert und in Ewigkeit vorbestimmt war. Gott schuf ja die Welt zu Seiner Ehre. Damit hat Er zugleich auch den Menschen verherrlicht, der in seinem Wirken an der Welt schöpferisch fruchtbar werden sollte. Das biblische Sechs-Tage-Werk wird nunmehr in dreifacher Gliederung vorgetragen: In der ersten Ebene wird die Schöpfung der Welt in den bekannten sechs Phasen und Stufen geschildert; in der zweiten Ebene wird allegorisch die Gründung der Kirche und ihr geistliches Leben vor Augen gestellt; in einer dritten Deutung wird dies alles noch einmal für das sittliche Leben verstanden: die Grundlegung des Gewissens, die Maßstäbe der Lebensführung, die Heiligung durch das tugendhafte Leben bis zur Vollkommenheit der Tugenden im ewigen Heil.

«*Im Anfang schuf Gott Himmel und Erde*» (Gen 1). Das ist so zu verstehen: Im Anfang, das ist im Beginn aller Dinge, die so im Wissen Gottes waren, wie sie entstehen sollten, schuf Gott Himmel und Erde, das heißt, Er ließ sie durch sich selbst hervorgehen. Er schuf den Grundstoff aller himmlischen und irdischen Geschöpfe: den Himmel, das ist der lichte Stoff, und die Erde, das ist die verworrene Masse. Diese beiden Grundstoffe sind zugleich geschaffen worden und erschienen in einem einzigen Kreise: im Machtkreis Gottes im Himmel und auf Erden.

Aus jener Herrlichkeit, die die Ewigkeit ist, erglänzte die genannte lichte Materie wie ein verdichtetes Licht, und dieses Licht leuchtete über die verworrene Masse. Es durchleuchtete aber nicht mit einem Male den Himmel und die Erde, wie dies ja auch ein Mensch nicht tut, der bestimmte Formen bereitet, da er jede einzelne mit einem Zirkel erst zeichnet, um sie nachher mit Farben auszumalen.

«*Die Erde aber war wüst und leer, und Finsternisse lagen über dem Antlitz des Abgrundes.*» Die Erde war leer, da sie noch keine Gestalt hatte. Unsichtbar und ohne Licht war sie, weil sie noch nicht vom Glanz des Lichtes, von der Helligkeit von Sonne, Mond und Sternen erleuchtet wurde; unbebaut war sie, da sie noch von keinem Kulturwerk durchfurcht ward, und leer, das heißt nicht zusammengefügt, weil sie noch nicht erfüllt war: Noch besaß sie ja nicht das Grünen und Keimen und das Blühen der Kräuter und Bäume. Vom Himmel wird nicht gesagt, er sei wüst und leer, denn er sollte keine Früchte hervorbringen. Und Finsternisse – die noch nicht durch den

Strahl eines Lichts aufgerissen waren, da noch keine Gestalt leuchtete – bedeckten das Antlitz des Abgrundes, jene ungegliederte Wirrnis der Erde, die das Gesicht des Abgrundes ist, da man dies erblicken kann, während der Abgrund selber verborgen bleibt; denn die Erde bedeckt den Abgrund wie der Leib die Seele, so daß man sie nicht sehen kann.
«*Und der Geist Gottes schwebte über den Wassern.*» Denn Gottes Geist ist Leben, und dieses Leben bringt die Wasser zum Strömen, auf daß die Erde durch sie gefestigt würde, damit sie nicht vom Wind wie Staub zerweht werde. Wie der Heilige Geist dem Menschen eingegossen wird, so haben auch die Gewässer ihren strömenden Lauf und waschen alles Unreine weg, wie der Heilige Geist den Schmutz der Sünden.
«*Und Gott sprach: Es werde Licht, und es ward Licht.*» Gott sprach, Er, das unauslöschbare Licht, das von niemanden verdunkelt werden kann. Durch Sein Wort ertönte es wie Donner: «Es werde Licht» – und Licht ward. Alsbald leuchtete das nie endende und den Menschen unsichtbare Licht, das nimmermehr verfinstert wird. Ihm haften lebendige Lichtkreise an, die Engel. Denn Gott ist Leben, und Sein Wort schläft nicht, sondern erscheint als Leben. Und was das Wort hervorbrachte, hat Gott zu Seinem Ruhme bestimmt. Es war nicht das Licht der Sonne, da die Sonne noch nicht war und weil auch der Glanz der Sonne nicht immerfort über der Erde erscheint, sondern immer wieder verdunkelt wird.
«*Und Gott sah das Licht, daß es gut war, und Er teilte Licht und Finsternis; das Licht nannte er Tag und die Finsternis Nacht.*» Gott sah, daß das Licht gut war, weil es den Glanz Seines Antlitzes widerstrahlte, und so schied Er es von der Finsternis. Beide sollten ihre Aufgaben nicht miteinander vermengen, da von beiden das eine unvergänglich ist, das andere aber dem Schwinden verfällt. Von Gott stammt ja der Tag, weil Gott

durch Sein Wort das Licht zuerst hervorgehen ließ, das Er Tag nannte. Es ist nicht unser Sonnentag, sondern der nie aufhörende Tag, der in der Höhe von keiner Finsternis bedrückt wird. Und die Finsternis, sie ist nicht das, was vor dem Licht der Sonne flieht, sondern was in sich unaufhörliche Finsternis hat und von keiner Helle des Lichts durchbrochen werden kann. Die Finsternis aber, die über dem Angesicht des Abgrunds lag, und die Er noch nicht erleuchtet hatte, nannte Er Nacht. Die Nacht, die des Tags entbehrt, ist blind; der Tag aber ist von der Nacht getrennt; von der Blindheit der Nacht geschieden, strahlt er in Herrlichkeit. So trennte Gott das Licht von den nächtlichen Finsternissen.
«*Und es ward Abend und Morgen: der erste Tag.*» Es kam das Ende dieses Werkes, und sein Beginnen: eine einzige Herrlichkeit in Vollkommenheit. Denn da Gottes Wort das Licht hervorgehen ließ, da war sein Beginn gleichsam der Morgen, seine Vollendung aber wie der Abend, wo das Abgeschlossene offenkundig ward.

In bildlicher Deutung erklärt das Schöpfungswerk die Gründung der Kirche und ihr Heilswerk am Menschen.

«*Im Anfang schuf Gott Himmel und Erde.*» Das ist auch so zu verstehen: Am Anfang der beginnenden Zeit, da Gott durch Sein Wort das All erschuf, schuf Er Himmel und Erde, das heißt jenen Urstoff, in dem jedes Geschöpf im Himmel und auf Erden verborgen lag, das aus dem Worte Gottes hervorgehen sollte. Ähnlich machte es Gott bei der Gründung der Kirche, bevor Er sie aufbaute. Er selbst begann, beginnend im Anfang, das heißt in Seinem Sohne, den Er durch die goldene Pforte der Jungfrau, in der Verschlossenheit ihrer Keuschheit, in die Welt sandte. Durch Ihn ist alles geschaffen, Himmel und Erde, wie der Evangelist Johannes, der Geliebte Gottes,

sagt. Auf diese Weise ward alle himmlische und alle irdische Gerechtigkeit in Ihm geschaffen.
Wie aber ist Er der Anfang, der vor der Zeit im Vater gezeugt ward? Er ist vor der Zeit geistig und nicht fleischlich in dem Vater gezeugt: Fleischgeworden aber ist Er der Anfang aller Gerechtigkeit, weil jede Gerechtigkeit, die vor seiner Geburt die alten Heiligen halten, noch nicht in der Erlösung lebte und den Menschen nicht zu ihr zurückführte. Jene Gerechtigkeit aber, die in Ihm sich erhob – Taufe und Evangelium sowie der Glaube an den Einen Gott im Namen der Heiligen Dreifaltigkeit –, diese Gerechtigkeit führt den Menschen ins Paradies zurück. Deshalb ist Er in Seinem Werk der Anfang des Heiles, wie Adam mit seiner Tat der Anfang des Verderbens war. Und wie Er das Wort ist, das alle Kreatur hervorbrachte, da alles durch Ihn gemacht ist, so ist Er in Seiner Menschheit der Anfang des Bauwerkes der heiligen Kirche...
«*Und Gott sprach: Es werde Licht, und es ward Licht.*» Gott sprach durch den Heiligen Geist, als Er den Aposteln sagte: «Ihr sollt ein brennendes Licht sein, und die Wahrheit im Namen der Heiligen Dreifaltigkeit lehren.» Sobald sie vom Heiligen Geiste entzündet waren, öffneten sie ihre Verschlossenheit und wurden ein Licht, und so erglänzten sie in der Welt mit ihren Lehrern. «*Und Gott sah das Licht, daß es gut war, und Er schied Licht und Finsternis. Er nannte das Licht Tag, die Finsternis nannte Er Nacht.*» Gott sah ja, daß sie als Licht für die Welt nützlich seien, und Er schied das Licht, die Apostel, von der Finsternis, den Ungläubigen. Und Er nannte dieses Licht einen Tag, der durch Sein Wort, den Sohn, der zu ihnen im Fleische sprach, für die Welt in ihrer Predigt leuchtete; die Finsternis der Ungläubigen aber nannte Er Nacht.
«*Und es ward Abend und Morgen: ein Tag.*» Im Unglauben der Ungetreuen neigt sich der Tag zum Abend; mit dem Morgen

aber beginnt der Glaube der Getreuen. So ist ein Tag, wie ein Glaube ist, durch den man an den einen Gott glaubt, da der erste Anfang in Abel durch das gute Ende in Christus vollendet ward. Daher erfährt der Mensch am Abend den Sohn Gottes mit dem Werk der Erlösung und rührt Ihn an; bis zum Ende der Welt wird dieser eine Tag dauern, da Abel wie der Morgen und der Gottessohn gleichsam wie der Abend dieses Tages war.

Und noch einmal kann die Schöpfungsgeschichte anders, und zwar auf moralische Weise verstanden werden.

«*Im Anfang schuf Gott Himmel und Erde.*» Das soll bedeuten: Während Ich, Gott, den Menschen gewissermaßen zu Beginn aller Schöpfung in seinen guten Sitten gestalte, schaffe Ich in ihm die lebendige Erkenntnis von Gut und Böse. So kann er das Böse meiden und Mich als Seinen Vater im Guten nachahmen. Gab Ich ihm doch die Unterscheidungskraft (discretio) zwischen Gut und Böse nach Meinem Gleichbild. Mit diesem Erkennen sollte er die ganze Schöpfung unterscheiden; er sollte sie bewußt erkennen und gleich Mir die Gewalt über sie haben. Der Mensch aber verläßt Mich in seiner großen Eitelkeit nach dem Rat des Teufels; er verfällt der beklagenswerten Mühsal der Sünden, weil er, in der gebrechlichen Natur Adams geboren, das freudvolle Erkennen (laeta scientia), das ihn nie verwunden würde, verläßt. Gleichwohl behält er dies in seiner Seele, daß er sich in rechtem Seufzen oft zum Sehnen nach dem Himmel erhebt, was wie der Himmel ist; seinem Fleische nach aber sucht er immer das irdische Verlangen auf, weil er seiner Gebrechlichkeit wegen – aus seinem Ursprung in Adam wie auch nach dem Rat des teuflischen Verführers – niemals ohne Berührung mit der Sünde sein kann; und das ist gleichsam «Erde».

«*Die Erde aber war wüst und leer; und Finsternisse bedeckten das Antlitz des Abgrundes.*» Der Mensch, der in seiner Gesittung nie beständig sein kann, leidet an einer großen Leere; wie das Wogen eines Meeres flutet er immerzu hin und her. Wie aber bei der Erschaffung der Welt ein Geschöpf nach dem anderen geordnet aus dem Urstoff hervorging, so muß auch der Mensch in seinem guten Streben von Tugend zu Tugend aufsteigen, ganz so, wie Ich es bei seiner ersten Schöpfung eingerichtet habe. Nun hat er nach dem Rat der Schlange das gute Sehnen in große Eitelkeit verkehrt: und so bleibt er in dieser Eitelkeit seiner Gesittung gern den guten Handlungen fern. Deshalb ist er von finsteren Taten, die den schlechten Sitten eigen sind, umlagert; diese herrschen so über seinen Leib, wie auch der, der die Sünde tut, ein Sklave der Sünde ist. Der Leib ist gewissermaßen das Angesicht des Abgrundes, die Seele aber wie der Abgrund selbst. Ist doch der Leib zu sehen und zu tasten wie das Gesicht des Abgrundes; die Seele aber ist unsichtbar und untastbar wie der Abgrund der Erde.
«*Und der Geist Gottes schwebte über den Wassern.*» Wenn der Gläubige in Sünden verstrickt wird, dann seufzt er manchmal zu Gott auf. Wie das? Aus der Zerknirschung, die sich durch die Gnade des Heiligen Geistes in ihm erhebt, bringt er das Naß der Tränen hervor, da jedem guten Werk Seufzer vorangehen müssen. Und wie bei der ersten Schöpfung die Wasser vor der übrigen Kreatur aus dem Aushauch des Geistes Gottes hervorgingen, so sind sie ihrem Wesen nach dem Heiligen Geiste besonders verbunden, so daß der Heilige Geist vor Beginn der guten Werke das Naß der Tränen aus dem Herzen der Menschen erzeugt.
«*Und Gott sprach: Es werde Licht. Und es ward Licht.*» Gott spricht in der Belehrung des Heiligen Geistes: Nun geschehe im Menschen nach der Zerknirschung des Herzens der Auf-

bau der guten Werke. Die grünende Lebensfrische der Früchte soll in ihm aufsprießen, auf daß es in seiner Seele Licht werde. Alsdann erhebt sich der Mensch mit der Traurigkeit der Reue im Lichte der guten Werke. Wie das geschieht? Indem der Mensch sich aus dem unbotmäßigen Sehnen seiner Fleischeswünsche heraus erneuert und das Böse ablegt, beginnt er in jenem Neuen des Lichtes zu wirken, das er früher nicht gekannt hat, da er noch in den verlockenden Leidenschaften des Fleisches schlief. Und so soll im Anbeginn schon sein Werk ein leuchtendes sein.

«*Und Gott sah, daß es gut war. Und Er schied Licht von Finsternis. Er nannte das Licht Tag, die Finsternis nannte Er Nacht.*» Da Gott jenen Menschen sah, wie er das gute Werk begann und wie sein Haus dergestalt erglänzte, da blickte Er ihn voll liebreichen Umfangens an, weil Er den Anbeginn des Guten in ihm wußte und schaute. Und Er trennt mit dem gleichen Anbeginn jene lichten Werke von der Berührung mit den finsteren Taten, die die Folterqualen nach sich ziehen. Dies aber ist jene Scheidung, daß Gott das Gute in jenen Menschen sieht und so das Böse von ihnen wegnimmt. Er nennt die lichten Werke bei sich selbst den Tag des Heils, weil Er in jenen guten Werken die Seele zu sich und aus dem Verderben, das in Adam war, zurückruft. Die gegenteiligen Werke aber heißt Er die Nacht jenes Verderbens, das sich im teuflischen Urheber des Menschenmordes erhoben hat.

«*Und es ward Abend und Morgen: ein Tag.*» So begegnet in jenen Menschen diese abendliche Gewohnheit des bösen Werkes dem Anfang des Beginnens der guten Werke, gleichsam im Morgen eines Tugendwerkes als ein einziger Tag, weil der Mensch, das Böse überwindend, dem Guten sich verband. Demgemäß soll auch die Zerknirschung die erste Tugendkraft des Lichtes sein. (LDO 916–922; WM 204–211)

In dreifacher Deutung – der Erschaffung der Welt, dem Leben der Kirche, dem Wirken der Seele – wird so das ganze Schöpfungswerk durch alle «Tage» hindurch vorgestellt, bis schließlich auf dem Gipfel der Schöpfung, am sechsten Tage, der Mensch erscheint.

«Und Gott schuf den Menschen nach Seinem Bilde, zum Bildnis Gottes schuf Er ihn, als Mann und Frau erschuf Er sie. Und Gott segnete sie und sprach: Wachset und mehret euch und erfüllet die Erde und macht sie euch untertan; herrschen sollt ihr über die Fische des Meeres und die Vögel des Himmels und über jedwedes Lebewesen, das sich da reget auf Erden.» Gott schuf den Menschen in der Gestalt des menschlichen Fleisches, mit der Sein Sohn ohne Makel sich bekleiden sollte, wie ja auch der Mensch sich sein Gewand nach seiner Ähnlichkeit macht, und das ganz und gar nach jener Form, die Gott vor Ewigkeit vorauswußte. Er schuf den Menschen: den Mann von größerer Kraft, die Frau aber von weicherer Stärke. Er ordnete beider Gestalt in dem rechten Maße an Länge und Breite in all ihren Gliedern, wie Er auch die Länge, Tiefe und Breite der übrigen Geschöpfe im richtigen Verhältnis festgesetzt hat, auf daß keins von ihnen das andere ungebührlich überschreite. So hat Gott die gesamte Schöpfung im Menschen gezeichnet. In sein Inneres aber legte Er die Ähnlichkeit mit dem Engel-Geist, und das ist die Seele. Die Seele wirkt in der Gestalt des Menschen, wird aber von keinem Geschöpf während ihres Weilens im Leibe gesehen, wie auch die Gottheit nie von einem sterblichen Geschöpf erblickt werden kann. Die Seele stammt nämlich vom Himmel, der Leib von der Erde; die Seele wird durch den Glauben, der Leib aber durch das Sehvermögen erkannt.

Als Mann und als Frau erschuf Gott sie, den Mann zuerst, alsdann die Frau, die vom Manne genommen ist und gebiert, wie auch der Mann in der Zeugungskraft seiner Stärke auszeugt, was in ihm verborgen ist. Durch den Winter und Sommer wachsen die Früchte und kommen ans Licht, und ohne diese beiden würde nichts reif werden. So nähren sich auch aus der Wurzel des Baumes, die die Grünkraft in sich schließt, die Blüten und die Früchte; entstammen sie doch einer Einheit. Und so werden auch durch den Mann und die Frau gar viele hervorgebracht, die dennoch von einem einzigen Schöpfer abstammen. Wenn der Mann allein wäre oder die Frau allein bliebe, würde kein Mensch entstehen können. Und so existieren auch Mann und Frau als eine Einheit, da der Mann gleichsam die Seele, die Frau aber der Leib ist.

Und Er segnete sie, Er, auf den die Engel schauen, indem sie Ihn erkennen und preisen. Und er gebot den Menschen, daß sie im Wachstum sich mehren und an Menge zunehmen, daß sie auf Sein Geheiß hin die Erde erfüllen und diese sich unterwerfen sollten, damit die Erde, vom Menschen bebaut, Frucht hervorbringe. Sie sollten herrschen über die Tiere, die im Wasser schwimmen und in der Luft fliegen. Mit der Weite ihrer fünf Sinne sollten sie all diese überragen und auch alle Lebewesen, die die Bewegung der lebendigen Luft über der Erde haben, auf daß sie diese alle mit der Herrlichkeit ihrer Vernunft beherrschten.

Wenn der Mensch die ihm von Gott bestimmte Vollzahl erreicht haben wird, dann gelangt er zu jener Erde, die, aus irdischen Menschen bestehend, das «Land der Lebendigen» genannt wird, und alsdann wird er Gemeinschaft haben mit dem Lamme im Himmel. O wie groß ist die Freude, daß Gott sich gewünscht hat, Mensch zu werden: Er, der als Gott in den Engeln west, ist menschlich im Menschen! Deswegen muß man wahrhaftig an Ihn, den Gott und Menschen, glauben. Deshalb hat Gott den Menschen zu Seinem Gewande und zu der Vollzahl bestimmt, die nimmer vom Menschen weichen wird. Er tat mit ihnen, wie ein Vater es mit seinem Sohne macht, der ihm die zustehende Erbschaft erteilt, indem er ihm die Fische und die Vögel und alle Lebewesen unterwarf, die ohne Vernunft leben und sich über der Erde regen. «*Und Gott sprach: Sehet da, Ich habe euch gegeben allerlei Kraut, das sich besamt auf der Erde, und allerlei fruchtbare Bäume, die ihren Samen in sich tragen nach ihrer Art; sie sollen euch zur Speise sein und allem Getier auf Erden und allen Vögeln unter dem Himmel und allem Gewürm, das da lebt auf Erden, daß sie allerlei grünes Kraut essen. Und es geschah also.*» In seinem unauslöschlichen Wort sprach Gott, daß er dem Menschen all das Angeführte schenken werde... Alles was auf Erden lebt, wissen wir ja genährt aus jener grünenden Lebensfrische, die aus der Erde hervorbricht. Es ist dabei nicht einfach so, daß jedes Lebewesen nur von Kräutern und Früchten sich nähre, vielmehr gewährt jedes jedem seine Speise durch sich selbst und betätigt sich so im Gebrauch der erwähnten Kräuter und grünenden Zweige. Das Gebot Gottes erfüllt sich in der Weise, daß alles, was da ist, dem Willen Gottes unterworfen ist; jedwede Anordnung Gottes ward aber in den Geschöpfen um des Menschen willen getroffen. Denn der Mensch, dessen Seele unvergänglich ist, wird nach dem Jüngsten Tage Gott schauen, seinen Gott, der nie einen Anfang hatte noch je ein Ende nehmen wird. Solange der Mensch noch wie der Mond wächst und schwindet, weil er sterblich ist, wird er Gott nur insoweit schauen, als es Ihm gefällt, sich etwa den Menschen im Schatten des Prophetentums zu offenbaren. Als Gott nämlich mit dem Menschen den Anfang machte, da sah Er auch schon seinen Jüngsten Tag voraus, sah aber auch jene Zeit, da der Mensch, aus dem Schoße einer Mutter kommend, durch das Wasser im Heiligen Geiste wiedergeboren werden sollte.

«Und Gott sah alles, was Er gemacht hatte. Und es war sehr gut.» Hatte Er doch alle Kreaturen in der ganzheitlichen Vollkommenheit ohne den geringsten Fehler geschaffen. Und gut war alles auch insofern, als es fürderhin keinen Schaden nehmen sollte.

«Und es ward Abend und Morgen: der sechste Tag.» Nach jenem vollendeten Anfang, den Gott in den Geschöpfen und besonders im Menschen, für den Er den Platz der gefallenen Engel bestimmte, gemacht hatte, erstrahlte der sechste Tag im vollendeten Menschen. Hatte Er doch dem Menschen durch die sechs Weltalter bereits seine verschiedenen Aufgaben im Werk an der Welt zum voraus angezeigt!

«*Und Gott vollendete am siebenten Tage Sein Werk, das Er gemacht hatte, und Er ruhte am siebten Tage von allem Werk, das Er geschaffen hatte.*» Die Vollendung der sechs verschiedenen Werktage wird der siebente Tag genannt, weil Gott alles, was Er zur Erschaffung vorgeordnet hatte, zur Vollendung führt. Und so ruhte Er am siebten Tage und ließ von Seinem Wirken ab, da Er all Sein Werk in jeder Form ausgeführt hatte. Er segnete den siebten Tag und heiligte ihn, indem Er in ihm von jedem Seiner Werke abließ, die Er zu tun geplant hatte. Gott segnete den siebten Tag mit Ruhm, und Er heiligte ihn mit der Ehre eines Feiertages, da in ihm die ganze Welt, zu runder Fülle geschaffen, lebendig ist. Seiner ursprünglichen Bestimmung nach ließ Gott diese Schöpfungsordnung sich im Werden entfalten, so daß nun aus ihr alles weitere schöpferisch hervorgehen konnte. Daher preisen alle Scharen der Engel und all die geheimnisvollen Mysterien der Gottheit ihren Gott ob der Vollendung des Werkes Gottes, da Er mit den Sieben Gaben des Heiligen Geistes nun all Sein Werk vollendet. (LDO 944–953; WM 233–241)

Von der Ordnung der Zeit

Die uns haltende, uns aufgetragene Erde, Welt der Natur, Heimat des Menschen, wird nun noch einmal in ihrer ganzen Schlichtheit und Schönheit beschrieben im Horizonte der Zeit. Dazu dienen Hildegard die Monatsbilder, eine wirkliche, in ihrer Originalität wie Kühnheit einzigartige Naturphilosophie. Alle naturhaften Elemente der Welt, im Jahreslauf, im leibhaftigen Stoffverkehr –, sie haben noch keine Stimme, besitzen vielmehr nur ein Raunen und Dröhnen, eine «quasi vox». Da sie alle indes bereits eine Bewegung von Gott her auf den Menschen zu in sich tragen, versteht der Mensch die natürlichen Zeichen und vermag sich mit der Natur, gleichsam im Gespräch, auseinanderzusetzen. Der Mensch erkennt, wo und wie Gott am Werke ist, und er bildet die Resonanz dieser kosmischen Weltprozesse: Er ist – konfrontiert dem «laus» der Engel wie dem «sonus» der Kreatur – das «opus», das wache Gespräch mit der Welt! Gerade in dem so festgefügten Raum des Kosmos erlebt sich das «Geschöpf Mensch» auch als Zeit, als Schicksal, in der Widersprüchlichkeit zu einer Umwelt, in die er nicht fest verankert ist wie das Tier, in der er sich vielmehr der Auseinandersetzung stellen muß. Damit ist ihm eine kosmische Verantwortung gegeben: Alles naturhafte Dasein erwartet vom Menschen eine verantwortungsvolle Entscheidung. Wie Gott die Natur im Menschen vorgebildet hat, so hat Er auch die Zeiten des Jahres in ihm durchgeordnet. Mit dem Sommer gab Er einen Hinweis auf den wachenden Menschen, mit dem Winter auf den Schlaf. Wie nämlich der Winter in seinem Schoße verbirgt, was dann der Sommer mit Freuden hervorbringt, so wird auch der schlafende Mensch im Schlummer gekräftigt, damit er bereit sein kann, mit wachen Kräften jedwedes Werk durchzuführen.

Auch die Monate hat Er im Menschen unterschieden, indem Er in ihm die Unterscheidung ihrer Qualitäten und besonderen Vermögen verankert hat.

Der erste Monat

Im ersten Monate erhebt die Sonne sich wieder. Doch zeigt er sich kalt und feucht, voll Widerspruch und schwitzt das in weißen Schnee verwandelte Wasser aus. Seine Eigenschaften gleichen dem Gehirn. Auch dieses ist kalt und feucht und reinigt sich, indem es die wertlosen Säfte durch Augen, Ohren und Nase auswirft. So wirkt auch die Seele voller Freude in der Kindheit des Menschen, jener Zeit, die noch keine Arglist kennt und die fleischliche Lust nicht spürt. Noch wird sie ja nicht genötigt, wider die eigene Natur zu handeln. In solcher Kinderzeit, deren Wunschleben so einfältig und unschuldig erscheint, zeigt sich die Seele in ihrer ganzen Kraft. Aber schon bald muß sie die reine Freude kindlicher Unschuld entbehren. Einem heimatvertriebenen Fremdlinge gleich wird sie in große Traurigkeit gestürzt. Das ist das Alter, wo die körperlichen Säfte im Menschen zunehmen. Da wird der Mensch durch die Fleischeslust befleckt, liebt die Leichtfertigkeit, vergißt Gott darüber, ergötzt sich an den Gelagen der Sünder und hat Freude an ihrem Treiben. Wie aber die Sonne sich im ersten Monat wieder erhebt, so ist auch die Seele in diesem frühen Lebensalter nicht verstockt und nicht völlig verdunkelt. Doch besteht die Gefahr, daß bei solchem Tun in sündiger Lust der Mensch in seiner wankelmütigen Gesinnung nach und nach in eine innere Verhärtung von Schmutz und Eitelkeit kommt, zumal ihm die Heiligkeit des rechten Tuns fehlt. Wenn dann dieser Mensch durch Belehrung und durch die Ermahnung des Heiligen Geistes Tränen der Reue vergießt, wird er gereinigt vom Gestank der Sünde und zum süßen Duft des guten Rufes kommen. Er meidet Unkenntnis und Widerwillen an guten Werken und wird so gereinigt.

Der zweite Monat

Der zweite Monat geht seiner Natur auf Reinigung aus. Er findet eine sinnhafte Bedeutung in den Augen des Menschen, weil auch die Augen, wenn sie wäßrig, unrein und kränklich sind, sich mitunter von selber reinigen. So ist auch die Seele im

Menschen wie der Saft in einem Baume. Wie durch den Saft alle Früchte des Baumes gedeihen, so werden durch die Seele alle Werke des Menschen verwirklicht. Sind nun Gefäße und Mark des Menschen voll und reif geworden, dann beginnt er nach dem Verlangen seines Fleisches zu handeln. Ist das geschehen, so wird er durch die geistliche Natur seiner Seele veranlaßt, tief erschüttert aufzuseufzen. Wenn er dann mit dem Auge seines Gewissens betrachtet, was er mit seinen Sünden angestellt und wie unbußfertig er sie ausgeführt hat, dann wird er von aller Befleckung gereinigt werden. In Zukunft wird dieser Mensch bestrebt sein, die Sünde zu meiden.

Der dritte Monat

Der dritte Monat kommt mit einem wilden Wirbel herauf. Er führt Unwetter mit sich. Hat er auch noch manches Unheilvolle in sich, so setzt er doch mit seinen vielfachen Winden die Keime der Erde in Bewegung. Unter diesem Monat soll man sich die Ohren vorstellen. Auch in ihnen tönt der Laut von so viel Wertvollem und Nutzlosem, durch die der Organismus in seiner Gesamtheit in Bewegung gehalten wird. Auch die Seele im Leibe, der durch sie bewegt und ausgefüllt ist und wie mit Gefäßen verknüpft wird, steht in einer Auseinandersetzung mit den anwachsenden Kräften ihrer Natur. In dieser Situation gleicht der Mensch in der Mitte seiner Jugend einem Baume, der zunächst nur grobes Geäst und später erst die Früchte ans Licht bringt. Ein solcher Mensch ist noch von der Sturmzeit seines nicht zur Harmonie ausgereiften Charakters befangen, wenn er zu überlegen beginnt, was er wohl anfangen soll. Denn sein Mark ist nun fetthaltig genug, seine Gefäße sind wohlgefüllt. Unter solchen Umständen unterliegt seine Seele einer trübseligen und wehleidigen Stimmung, weil sich der Verdruß über die eigene

Minderwertigkeit mehr und mehr häuft. Es ist ja so, daß die Seele immerzu jenes Leben in ihm verdeutlicht, das alles in Bewegung versetzt. Nun ist ein solcher Mensch, mehr als ihm zusteht, begierig nach Anerkennung; er täuscht sich aber gewaltig, wenn er glaubt, sich schon für einen Weisen halten zu müssen, während er doch gerade in seiner Verwegenheit und seinem Hochmut gleichsam wie eine frische Wunde eitert. Er verfällt der Lüge, da in ihm der Ruf nach äußeren Ehrungen und nach Ansehen nicht in Erscheinung tritt. Bei diesem beklagenswerten Zustand wird die Seele traurig, jene Seele, in die alles, das Gute wie Böse, zurückkehren muß, wie auch – um den Vergleich wieder aufzunehmen – in den Ohren beides, das Wertvolle und das Minderwertige, widertönt, beides Grundkräfte, mit denen alles seiner Vollendung zugeführt wird. Wenn nach Überwindung solcher Auswüchse einer jugendlichen Gesinnung der Mensch durch Gottes Gnade seine Fehler wiedergutmacht und sich einem Besseren zuwendet, gerät auch die Seele wieder in Bewegung. Die Seele, die vordem so traurig war, da so viel Wertvolles, aber auch Unnützes durch den Menschen regelrecht hindurchgeblasen wurde, bewegt ihn wegen seiner schlechten und nichtsnutzigen Taten zur Reue; und sie ist es, die bewirkt, daß er ob seiner guten und fruchtbaren Werke sich freut, als wäre er im Paradies.

Der vierte Monat

Der vierte Monat ist voller Lebensgrüne und Wohlgeruch, auch wenn es in ihm schrecklich donnern kann. Er gibt einen Hinweis auf die Nase, mit der der Hauch der Seele den Duft einzieht und wieder entläßt, in der Vielfalt dessen, was er sich mit Ehrfurcht auswählt. Diesem Monat gleicht der Mensch, wenn er kraft des Vernunfthauches seiner Geistigkeit im Gewissen das Grün der guten Werke einsichtig auswählt. Es ist ein Monat, in dem auch alle Frucht der Erde zu grünen anhebt und der des Duftens so voll ist. Im süßesten Wohlgeruch läßt er den Ruf der Rechtschaffenheit und Nützlichkeit überallhin zum Ruhme Gottes ausströmen. Die laute Welt mit ihren widerwärtigen und schlechten Menschen aber schmäht häufig die Tugenden und guten Werke eines solchen Menschen und heißt ihn ungerecht und schlecht. Haben doch auch die Juden sogar den Herrn Jesus Christus oft beschimpft und ihn lügenhafterweise ungerecht und befleckt genannt, obwohl sie ihn in all seinem Tun als heilig und gerecht erkannten. Wie sehr dieser Monat gefährlich und schrecklich klingt, er kann doch die Früchte der Erde nicht mehr zum Verdorren bringen. Gleicherweise dörren die Kräfte und Tugenden eines seligen Menschen durch derartige Schlechtigkeit nicht mehr aus, vielmehr leiden diejenigen, die mit den Zähnen wider ihn knirschen möchten, selber am meisten Schaden dabei. Wie nun der Mensch, eben durch den Hauch seiner Vernunft, mit Hilfe seiner Nase sich das Süßeste und Edelste auswählen und aneignen kann, so stößt er auch alles Stinkende und Häßliche damit von sich. Ein solcher Mann verdient sich ewigen Lohn, wird auch von den Menschen schon gerühmt und geehrt, sein Verfolger jedoch geht des himmlischen Lohnes verlustig und wird auch auf Erden niemals ein aufrichtiges Lob erfahren. Wer also Gott fürchtet und liebt, der hütet seinen Sinn vor jeder Schlechtigkeit, wie ja auch der Mensch seine Nase von jedem Ding, das da stinkt und unrein ist, mit Abscheu abwendet.

Der fünfte Monat

Der fünfte Monat ist lieblich und leicht und herrlich in allen Dingen der Erde. So ist auch dem Mund das Schmecken süß und ergötzlich, wird doch durch diesen Geschmack festgestellt und erkannt, was den Menschen mit Freude erfüllt. Ähnlich ist die Vernunft die Säule und das Mark der fünf Sinne, die durch jene gehalten und zum Wirken angetrieben werden, gleich wie die Erde, durch den Pflug umgeworfen, sich im Keimen als fruchtbar erweist. Das Sehen aber – der Sinn der Augen –, womit der Mensch alles anschaut und begreift, hält mit Recht unter den übrigen Sinnen die Spitze. Seinem Ort nach höher als die anderen Sinne, erfaßt das Sehen mehr als alle Sinnesorgane die entfernter liegenden Gegenstände. Daher ist dieses Sehen mit den Augen so angenehm, so herrlich, weil der Mensch damit durch Erkennen und Auslesen Wertvolles und Minderwertiges unterscheiden kann. Der fünfte Monat, der Mai, Träger allerlieblichsten Duftes der Blüten, macht des Menschen Herz so froh, weil in ihm schon alle Früchte der Erde – dem Menschen zur Freude – ans Licht sprießen. Und so erkennt auch der Mensch mit der Schau seiner Augen den vollen Gebrauch der natürlichen Dinge auf eine ganz natürliche Weise. Dabei kommt er unter allem Sehenswürdigen, das ihm ins Auge fällt, zu einer Unterscheidung, auf Grund deren er sich dann mit aller Schärfe seiner Vernunft zu entscheiden vermag. Die Fruchtbarkeit dieses Monats gleicht wirklich dem Geschmackvermögen des Mundes, durch das der Mensch alles erfaßt, was ihm zur leiblichen Erquickung dienlich ist.

Der sechste Monat

Der sechste Monat mit seiner Hitze ist recht trocken. Um des guten Gedeihens willen mildert er seine Natur mit jenem Lufthauch, der den Früchten die Reife bringt, doch gießt er auch bisweilen im Übermaß die Wasserfluten aus. Hiermit wird auf die Schultern des Menschen hingewiesen, die mit ihrer Wärme ebenfalls trocken sind, sich jeder Arbeit unterziehen, jegliches Werk durchführen und so den Körper im Ganzen erhalten. Zuweilen sehnen sie sich ob aller Arbeit nach Ruhe, wie wenn ein Vogel vor Ermüdung seine Flügel lockert und wie die Wurzel ihre Zweige hält. Ähnlich ist der zweite Sinn, das Hörvermögen, gewissermaßen ein kleiner Flügel für das Verständnis der Worte, die er empfängt. Indem die Ohren den Klang einer jeden Erscheinung aufnehmen, kann jedes Ding der Natur, was und wo es auch sei, seinem Wesen nach erkannt werden. Aus diesem Grund strengt der Mensch, dieses Wesen zu entdecken, auch eher seinen Geist an. Das Seelenvermögen, das durch die Ohren so empfindet, wie wenn es durch das Hören weiter nichts leiste, wird dabei nicht überdrüssig und keineswegs gesättigt, hat vielmehr das Verlangen, vieles noch darüber hinaus zu erkennen und sich zu merken. So dehnt auch der sechste Monat, nicht mehr feucht, die Früchte, die er mit seiner milden Wärme hervorgebracht hat, nach allen Seiten hin und bereitet sie zur Reife vor. Wie sich in diesem Monat Wasserfluten mit gefährlichem Donnergetöse voller Schrecken ergießen, so sind unter all dem, was das Gehör über die Ereignisse in der Welt gefällig heranträgt, manche Dinge, die nur mit Furcht und Bekümmernis aufgenommen werden können.

Das Gehör aber ist in der Tat der Anfang der vernünftigen Seele. Wie nämlich geschriebene Worte zuvor ausgesprochen werden, so wird über das Hörvermögen das Diktierte und Verfaßte, je nach dem Vorhaben des Menschen, zur Ausführung gebracht. Die Seele wird gleichwohl gezwungen, all dieses Gute und Böse, Wertvolle und Minderwertige zu ertragen, sie, die schon im Beginn des Hörens wegen der Seufzer und Tränen – weil sie die guten Werke noch nicht in Angriff nahm – sich nicht ganz und gar freuen kann. Die Schultern nun, die alle Feuchtigkeit der Eingeweide und der anderen Organe des Menschen und damit den ganzen Organismus tragen, haben eine beachtenswerte Ähnlichkeit mit dem Hörvermögen, das der Anfang der Seele ist und durch welches alle Werke vollendet werden, wie auch alle Lasten von den Schultern getragen werden. Wie nämlich die Eingeweide untereinander zusammenhängen, so sind auch alle Taten des Menschen miteinander verbunden: Durch die guten Werke, die die bösen bezichtigen, hat der Mensch Freude; an den schlechten Taten, durch die die guten erkannt werden, hat der Mensch Trauer. Mitten aus seiner vollen Freude heraus kann der Mensch leicht wieder in Traurigkeit gestürzt werden. Und so sucht er die Ruhe, wie ja der Mensch oft ein Verlangen nach Stille in sich trägt, die er doch nicht erlangen kann. Daher wird die Seele – hart beansprucht, solange sie im Leibe weilt – für ihre guten Taten in die ewige Heimat aufgenommen werden, während sie für die schlechten Handlungen, je nach Verdienst, der Bestrafung zugeführt wird.

Der siebente Monat

Der siebente Monat brennt in voller Sonnenglut und hat gewaltige Kräfte in sich. Er macht die Früchte der Erde reif und trocknet sie aus. Mit seinem zwischen Dürre und Regenfluten schwankenden Wetter ist er voll Leidenschaft. Auf eine ähnliche Weise sind auch die Gelenkverbindungen der Arme stark, und zwar durch die Schultern und Hände, mit denen der Mensch alle notwendigen Verrichtungen faßt und verbindlich festhält. Dabei vermag er es, die Natur eines jeden Dinges durch sein Geruchsvermögen herauszuschmecken, indem er unterscheiden und erkennen lernt, was brauchbar und was wertlos ist. So wählt er alles Notwendige für die Erhaltung seiner Natur aus. Er macht sich Gedanken darüber, wieweit wohl durch maßvolle Ausnützung der ausgedörrten schlechten Säfte diese noch für seine Gesundheit gedeihlich sein könnten, und er verhindert damit, daß die Säfte durch Schlechtwerden der stärkenden Kraft des Blutes beraubt werden. Durch sein Wissen vermag der Mensch alles an sich zu binden und so unter seine Herrschaft zu bringen, daß das Schlechte in den Säften herausgefiltert wird und diese ihm mit ihrer gesundheitsfördernden Kraft zugute kommen. Mit feinfühliger Fürsorglichkeit kann er dies einrichten, und zwar so kraftvoll, wie es die Gelenke der Arme durch die Schulterblätter und die Hände vermögen. In seinem Innern konzentriert er sich auf alles, was ihn gesund machen kann, und er bedenkt alle Lebensbelange so vorsorglich, wie sich auch die Früchte in diesem Monat auf ihren reifen Kern zusammenziehen.

Des Menschen Seele aber, dieser Geisthauch aus Gott, hat einen leidenschaftlichen Weg vor sich. Auf ähnlich kraftvoller Bahn durchläuft auch die Weisheit den ganzen Umkreis des Himmels. Kraft der sieben Gaben des Heiligen Geistes und mit Hilfe seiner fünf Sinne beginnt daher der Mensch seinen Weg und vollendet sein Werk, wie auch der siebente Monat alle Früchte der Erde vollkommen macht. Und wie ein solches Werk gleichsam mit der rechten Hand durchgeführt wird, wenn es zur Ehre gereicht, mit der linken aber, wenn es Verwirrung stiftet, so ist es auch bei den Früchten mit ihrer Reife und Dürre. Aus der Beherzigung der Fehlerhaftigkeit werden oft in bitterer Reue Tränen vergossen, und dann schlägt der Mensch wie mit den riesenstarken Kräften eines Löwen, der die anderen wilden Tiere überwindet, seine Fehler und Sünden im Eifer einer gewaltigen Anspannung nieder und fängt in der Weisheit seiner Gotterkenntnis an zu trauern über seine sündhaften Werke, mit denen er Gott zu entfliehen gedachte. Mit ihrem reuevollen Seufzen hält so die Seele, ständig ermahnt im Heiligen Geiste, mit starken Kräften den Menschen fest und setzt ihn in Bewegung. In reumütiger Gesinnung läßt sie ihn alle grünende Lebensfrische der Tugenden in sich sammeln. Und so kann seine in der Sünde verletzte Natur wieder zur Ausheilung kommen. Denn darin besteht die einzige Freude der Seele, immer und immer wieder zu überlegen, wie wohl der Mensch in seine ewige Heimat gelange, um ohne Ende darin zu weilen.

Der achte Monat

Der achte Monat kommt in voller Kraft herauf, einem mächtigen Fürsten gleich, der sein ganzes Reich in der Fülle der Macht beherrscht. Daher strahlt die Freude aus ihm. Er, der dahinbrennt in der sengenden Sonne, zieht schon, einer gewissen Feuchtigkeit wegen, den Tau nach sich. Auch kann er schreckliche Gewitter bringen, weil die Sonne sich wieder ihrem Niedergang zuwendet. Die Eigenschaften dieses Monats zeigen sich in den Händen des Menschen, die jedes Werk verrichten und die Macht des ganzen Leibes in sich vereinigen und speichern. Ob seiner Hände Werk erwirbt der Mensch sich oftmals Ruhm. Gleichermaßen erkennt der Mensch durch das Geschmacksvermögen des Mundes, mehr als durch die übrigen Sinne und auf eine vollständige Weise, die den Lebensmitteln einwohnenden Kräfte. Als ein Wissender vermag er sie bei sich zu behalten, so wie auch dieser Monat mit all seinem Vermögen voller Kraft ist. Auch hat der Mensch von innen heraus seine Heiterkeit, indem er klug abzuschätzen weiß, was aus den kalten und warmen Naturen seiner Gesundheit zuträglich ist, wie auch jener Monat sowohl die Sonnenglut als auch den kühlen Tau in sich trägt. Mit solchem Wissen begabt, kann der Mensch Gefährliches und

Nutzloses ausschalten, das Gute und Brauchbare aber behalten, wie auch die Hände ihre löblichen Verrichtungen kraftvoll und rechtschaffen vollenden, einem Künstler gleich, der aus seiner künstlerischen Begabung heraus alle Teile seines Hauses so aufrichtet, daß er in ihnen sein ganzes Wesen weise zum Ausdruck bringt...

Der neunte Monat

Der neunte Monat ist Reifezeit. Keine schrecklichen Gewitter verzerren mehr sein Gesicht. Allen wertlosen Saft nimmt er von den Früchten, auf daß sie gut zu genießen seien. All das trägt dieser Monat wie in einem Sack sicher durch die Zeit. Er kann daher mit seinen Eigenschaften dem Magen des Menschen verglichen werden. Alles, was in ihn hineingestopft wird, muß mit Hilfe der Hitze der Leber und der übrigen Eingeweide durchgekocht werden. Daher wirft er auch normalerweise sein Produkt aus Erhitzung und Abkühlung in bestimmter Gesetzmäßigkeit wieder aus. Doch kann die natürliche Funktion häufig durch Krankheiten beeinträchtigt werden, wie auch dieser Monat mit durchlaufenden Wettern bisweilen in seiner Regelmäßigkeit durcheinandergebracht wird. Der Mensch aber vermag zufolge seiner Sinnesausstattung zu erkennen, was zum Verzehren reif ist. Erst jetzt wird er die Früchte zu sich nehmen, damit er nicht durch die Unreife jener Säfte unpäßlich werde. Ähnlich hält dieser Monat den ungeeigneten Saft aus den Früchten fern. Der Mensch lenkt nämlich sein Augenmerk darauf, nicht über das Maß, sondern rechtmäßig und ausreichend gesättigt zu werden, damit die Säfte mit ihren verderblichen Stoffen nicht in ihm aufgewühlt werden. Mit einer solchen Vorsicht eignet sich der Mensch alles Brauchbare an, wie jemand wohl einen Gegenstand, den er liebgewonnen hat, sorgfältig bei sich einschließt, damit er ihm nicht abhanden komme. So ist der Mensch mit seinem Tastempfinden dem Magen zu vergleichen, der seinen aufgenommenen Bestand in Erhitzung und Abkühlung maßvoll durchmischt und dann weitergibt, wie auch in diesem Monat alle reifen Dinge vorkommen, deren Säfte später ausgetrocknet werden.

Des Menschen Seele nun, durch den Fall Adams, dazu noch durch die Anfechtung des Fleisches verwirrt, steigt durch die guten Werke freudig zum Himmel auf, durch böse Taten aber voller Trauer in die Tiefe. Sie legt einen äußerst starken Panzer an, sorgfältig gewebt und zusammengefügt: Es ist dies die Geduld, eine Tugend, die kein Pfeil zu durchbohren vermag. Diese Tugend verleitet den Menschen beim Aufstieg guter Werke dazu, alles Gute, das er getan haben könnte – gleichsam hinabsteigend in die wahre Demut – dem zuzuschreiben, der das höchste Gut ist und durch den dieses alles verliehen worden ist. Wenn der Mensch aber in seiner Sünde in solche Trübsal gerät, daß er kaum noch Hoffnung auf das Heil seiner Seele behält, dann fängt ihn eben die Seele mit ihrer Geduld wieder auf...

Denn Geduld mit Demut findet sich in den Höhen, indem sie den Hochmut überwindet. Diese Geduld begleitet den Menschen auch in die Düsternisse des Versagens, indem sie ihn mahnt, um der Sündentaten willen nicht an Gottes Barmherzigkeit zu verzweifeln. So hat die Geduld alle Werke in der maßvollen Mitte, gleichsam in ihrer vollen Reife. Was an Heiligem geleistet, wird behütet vor falscher Vermessenheit, und was im Pfuhle der Sünde gefehlt, wird von der Verzweiflung freigehalten, damit es noch geheilt werden kann. In dieser Weise ist die Geduld immerfort noch auf dem rechten Wege, weil sie das Himmlische nicht läßt und das Irdische nicht verachtet. Allen Anreiz zum Lasterhaften – des Teufels

Fallstrick – zertritt sie in dem wahren Licht, das Gott ist. In allen Dingen überläßt sie sich weder allzugroßer Fröhlichkeit noch stürzt sie uns in die Traurigkeit, die bisweilen mit teuflischer Täuschung doch über uns hereinbricht, indes die Geduld sich mit dem Schild des Glaubens tapfer dagegen wehrt.

Der zehnte Monat

Der zehnte Monat gleicht einem sitzenden Menschen. Er eilt nicht mehr in der Vollkraft seiner grünenden Lebensfrische geschwinde dahin und hat nicht mehr die volle Lebenswärme. Dafür schmückt er das Geäst der Bäume aus, indem er die Kälte ausschwitzt. So faltet sich auch der sitzende Mensch zusammen, um der Kälte zu entgehen. Er zieht sich jetzt ein Kleid über, damit er warm hat. Das ist ein Beispiel dafür, daß der Mensch, wenn er im Alter zu frieren beginnt, auch weiser wird. Denn der knabenhaften Sitten überdrüssig, stellt er in der Reife des Alters den Wankelmut leichtfertiger und törichter Verhaltensweisen ein. Er meidet die Gesellschaft stupider Leute, die ihn mit ihrer Unwissenheit doch nur täuschen würden. Auch lassen wegen der Alterskälte in ihm die vielfältigen und nun überflüssig gewordenen Gelüste im Fleischlichen nach. So ist auch dieser Monat bei aller Grünkraft nicht mehr ganz angenehm, da infolge der Trockenheit und Kälte die Zweige entlaubt werden.

Die Seele aber, geschaffen als ein lebendiger und kluger Geisteshauch aus Gott, der in Wahrheit die Weisheit selber ist, belehrt den Menschen, daß er das festhalten soll, was von Gott kommt. Mit Gottes Gnade unterwirft sie sich in einem glückseligen Menschen dem Leibe mit all ihren Kräften, wie der Herrin die Magd, und bereitet ihm Freude am Guten. Wenn aber das Fleisch dieses Menschen doch einmal noch von Genußsucht gereizt werden sollte, dann ist die Seele entrüstet und verwundert, lischt jenes Gift aus Gefäßen und Mark und stoppt es ab. Sie tröstet ihn aus der Gnade des Heiligen Geistes heraus und mit den Lehren der Heiligen Schrift, führt ihn von den Lastern hin zu den Tugenden, damit er nicht in Sünden zugrunde gehe, und nimmt ihn so vorsichtig in ihre Obhut.

Der elfte Monat

Der elfte Monat kommt gebückt. Er baut die Kälte auf. Keine Sommerfreuden hat er aufzuweisen. Er bringt die Schwermut des Winters. Die Kälte bricht aus ihm heraus, fällt über die Erde und wühlt den Schmutz auf. Dem gleicht der Mensch, wenn er nun die Knie beugt, damit die Kälte ihn nicht durchdringe. Beugt er so in Trauer seine Knie, dann häuft er in seinem Herzen schmerzvolle Gedanken, hält sich für nichtigen Schmutz und findet nicht mehr den Aufschwung zur Freude. Erinnert er sich doch in dieser seiner Herzenstrauer daran, daß die Knie des Menschen von Natur aus – in seinem ersten keimhaften Zustande – gebeugt gewesen sind. Ähnlich schwach wird auch der alternde Mensch wieder durch die Kälte; er vermag die Fröhlichkeit seiner Jugendzeit nicht mehr zu halten. Infolge der schwächenden Austrocknung, in der er wie dürr ist und von krankhaften Säften überschwemmt wird, fängt er zu klagen an. Aus Furcht vor der Kälte schleppt sich solch ein Greis, da er seiner eigenen Natur nach kalt geworden ist, mit seinen Gliedern ans Feuer. Deshalb ist dieser Monat, der fern von den Freuden des Sommers seine tristen Tage kalt dahingehen läßt, den Knien des Menschen zu vergleichen, die der Greis voll Schwermut krümmt, wenn er an seine ursprüngliche Lage denkt, da er genauso mit eingekrümmten Knien im Mutterleib wie eingeschlossen dahockte.

Und so verhält es sich auch mit der Seele, wenn sie mit ihren Kräften den Menschen derartig überwunden hat, daß er ihr zuliebe von seinem sündigen Tun eine Weile abläßt. Doch kann sie es nicht verhindern, daß der Mensch weiter die Begierde nach der Sünde in sich trägt. Dann seufzt sie auf in ihrem Gefäß – jenem Körper, dem sie einwohnt –, weil sie den ganzen Körper durchdringt und in Bewegung versetzt, wie ein Wind, der durchs Haus bläst, seine Seiten erzittern macht und mit seinem Wehen durch Höhlungen und Fensteröffnungen jagt. Wenn dann aber der Mensch in seiner Sündenschwärze sich wie ein Wurm in ein Schmutzloch einwühlt, läßt auch die Seele, die ihren Platz in den Gefäßen, im Mark wie überhaupt in jeder Verbindung der leiblichen Organisation hat, mit ihren Bemühungen nach, weil sie nicht mehr im Feuer des Heiligen Geistes erglüht. Weil aber der Mensch in seiner fleischlichen Gesinnung keine freudvollen Werke mehr verrichten kann, läßt er das Tageslicht der Heiligkeit unbeachtet, beginnt zu seufzen und zu jammern und vergißt in dieser seiner Gesinnung sein Wesen und seine Herkunft. Dies Seufzen bleibt weiterbestehen voller Schmerz, da der Mensch sich so sehr vom Geschmack seiner geistlichen Natur entfremdet hat. Wenn dann die Gnade des Heiligen Geistes die Seele nicht mehr entfacht, kann es so weit kommen, daß sie den Werken, die der Körper von ihr verlangt – wenngleich unfreiwillig – zustimmt und sie ausführt. Ob ihres naturwidrigen Handelns aber überkommt sie eine große Traurigkeit, die den Körper niemals befallen kann, wenn er darauf sinnt, der Natur seiner Seele gemäß zu handeln.

Der zwölfte Monat

Der zwölfte Monat ist mächtig kalt. Die Erde wird hart und friert. Winter bedeckt das Land mit gefrorenem Schaum und macht es lästig und beschwerlich. Mit diesen Eigenschaften werden die Füße des Menschen verglichen, die so vieles niederstampfen, breittreten und so die Erde eindämmen, damit sie sich nicht erhebe und man auf ihr stehen kann. Auch die Seele eines Menschen, der im Zorn das Blut der Mitmenschen vergossen hat oder ihm rachsüchtig ein anderes Unrecht antat, wird auf das schwerste befleckt. Wie nämlich der Körper nach dem Ausscheiden der Seele ohne Wärme ist und kalt bleibt, so wird auch die Seele ohne die Glut der Gaben des Heiligen Geistes durch den Zorn verhärtet und vergießt ihre eigene Natur, in der sie doch vor dem Angesichte Gottes wie mit warmem Blut erscheint. Wie Kain es mit dem Blute seines Bruders getan hat, so wendet sich nun die Seele von Gott ab. Im Zorne nämlich kocht das Blut über; verlassen von allen rechten Sinnen benimmt sich der Mensch wie wahnsinnig. Durch Zorn und Schmähsucht ins Widervernünftige verwirrt, wendet er sich mit Herz und Mund von aller Seligkeit ab, ist neidisch auf seinen Bruder und das Gute in ihm, soweit ihm dies in Gedanken und Worten möglich ist. Durch den bösartigen Haß in seiner Seele ist er vor Gott wie ein Mörder. Solch ein Mensch knirscht mit den Zähnen wider Gott und verdunkelt Ihn mit den üblen Worten, die vom Haß in seinem Herzen diktiert werden. In der Verhärtung solch ungerechter Bahn kann der Mensch weder die Süße der Heiligkeit besitzen noch den Samen guter Werke ausstreuen. Auch schwingt er sich in dieser Verhärtung, die immer mehr zunimmt, nicht mehr zu den himmlischen Dingen auf. Blind für die Werke einer guten und heiligen Erkenntnis, kann fortan ein solcher Mensch die Freuden der Heiligkeit, die er in seinem Zorne befleckt hat, nicht mehr besitzen; gleich einem Kamel ist er beladen mit dem Gestank seiner Sünden, und er befleckt sich immerfort.

Auf diese Weise passen sich Beschaffenheit und Grundkräfte der Monate dem Wesen des Menschen an. Daher spricht auch der Psalmist unter Meiner Eingebung: «Er machte den Mond für die Zeiten, und die Sonne kennt ihren Untergang» (Ps 103). Das will folgendermaßen verstanden werden: Gott setzte den Mond so ein, daß er auf die Zeiten Bezug habe, auf daß er alle Zeiten säuge, gleich wie eine Mutter ihr Kind nährt, zuerst mit Milch, später mit fester Speise. Bei seinem Schwinden nämlich ist der Mond geschwächt, weshalb er auch gewissermaßen wie mit Milch die Zeiten säugen läßt; bei seinem Wachsen hingegen nährt er sie gleichsam mit fester Speise. Für die Sonne aber hat Gott es so bestimmt, daß sie über die Erde leuchten und unter der Erde sich verborgen halten solle. Deshalb erstrahlt sie tagsüber auf der Erde, wie auch ein Mensch bei Tag mit offenen Augen wachsam lebt, nachts aber geht sie unter die Erde, wie auch ein Mensch bei Nacht mit geschlossenen Augen schläft. So ist der Mensch erdenhaft seinem fleischlichen Wesen nach, himmlischer Art jedoch in seiner Seele nach der Höhe des Himmels. Und er kennt die Zeit der Zeiten, weil er durch alles lebendig in Bewegung gehalten wird. (LDO 877–885; WM 153–164)

Geschichte als Gottes-Begegnung

Die Monate schwingen im Jahreskreis, der wiederum eingebettet ist in das natürliche Schöpfungsgeschehen, in die historischen Zeitalter, die Heilsgeschichte, und auch diese erscheint wiederum verschlüsselt in den Lebensaltern, den Jahreszeiten, versinnbildet noch im kleinsten Tageslauf. Daß das Wort Fleisch geworden ist –, das bedeutet uns Anfang und Mitte und Ende der Welt. Hier hat sich der Mensch zu entscheiden; hier ist sein Maß in Schöpfung; hier ist der Mensch in Anspruch genommen und hat

Antwort zu geben. Der Mensch hat sich mit seiner Verantwortung auf seinem Weg durch die Geschichte zu bewähren. Wie alle Natur, so ist auch die Geschichte das Werk Gottes, bei dem der Mensch verantwortlich mit am Werke ist.

Bereits in der Schrift «Scivias» wird die ganze Geschichte auf das Heilswerk hin orientiert und von den großen Endzeitepochen her verstanden, die unter dem Zeichen von Hund, Löwe, Pferd, Schwein und Wolf die Stadien zum Jüngsten Tage hin verkörpern. Eine deutlichere Gliederung bringt der «Liber vitae meritorum» mit den großen drei Epochen der Weltgeschichte: der Erschaffung der Welt auf Christus hin, dem Erscheinen Christi als der Sonne der Zeiten und der Vollendung des Kosmos durch Christus im Jüngsten Gericht. Eine nochmalige Steigerung dieser Visionen erlebt Hildegard in ihrer Kosmosschau, wo die Verbindung des Schöpfungswerkes mit der Apokalypse zum Thema wird: Die Weltperiode vor Christus wird nach den ersten fünf Tagen der Genesis gemessen und mit den großen Figuren der Patriarchen und Propheten repräsentiert. Christus ist der sechste Schöpfungstag, der über die Apostel und Jünger das dritte und letzte Weltalter bestimmend prägt. Die gesamte Geschichte wird Gottes-Begegnung!

«Und siehe: es kam ein weißes Roß, und der darauf saß, hatte einen Bogen, und gegeben war ihm eine Krone; und er zog sieghaft aus, auf daß er siegte» (Offb 6). Das ist so zu verstehen: Die erste Zeit, die mit Adam begann, war wie ein weißes Roß. Damals handelte Adam aus Unkenntnis pflichtwidrig, was Gott mit Seinem Zorn geahndet hat, der auch die Strafe mit sich führte. Ihm gab Gott aber auch die Gewalt zu siegen und die Feinde zu überwinden, auf daß er auch im Krieg der Kriege gegen den alten Drachen bestehen könne. So legte Gott Seine Strafe auf das durch Adam verletzte Gesetz, wie Er auch nach der Katastrophe der Sintflut den Bogen in den Wolken des Himmels errichtet hat. Diese Zeit nun dauerte von der Vertreibung Adams bis zur Sintflut, in der Gott in Seinem Zorn alles Volk mit Ausnahme derer, die in der Arche bewahrt wurden, durch niederstürzende Wasserfluten, die wie ein Gewitter tosten, ertränkt hat. Und wie in der Frühzeit Gott den Bogen Seines Zorns als Strafgericht aufgezeigt hat, so gab Er auch nach der Sintflut mit dem Bogen in den Wolken ein Zeichen dafür, daß nun nicht mehr durch das dröhnende Tosen der Wasser die ganze Welt ertränkt würde; damit hat Er angezeigt, daß die Gläubigen durch die Taufe zu retten seien.

Es heißt dann: «Und es kam ein anderes rotes Roß, und dem, der darauf saß, ward gegeben, daß er den Frieden von der Erde nehme, daß sie einander töteten; und gegeben ward ihm ein gewaltiges Schwert.» Das soll bedeuten: Dieses Roß ist jene Zeit, da nach der Sintflut durch Gottes Zorn in gerechtem Gericht der Frieden von denen genommen wurde, die sich Gott widersetzten, da sie nicht Seinen Frieden suchten und diesen auch nicht den Menschen weiterschenkten. Deshalb ließ Gottes Gericht es auch zu, daß sie sich gegenseitig auf grausame Weise hinschlachteten; in zahlreichen Kriegsgefechten gingen sie zugrunde, weil sie aus Untreue von Ihm abließen, wie ja auch die Seele Selbstmord begeht, wenn sie nicht mehr Gott anzuhangen versucht.

Und weiter steht geschrieben: «Und siehe! ein schwarzes Pferd, und der darauf saß, hatte eine Waage in der Hand.» Und weiter: «Ein Maß Weizen um einen Denar und drei Maß Gerste um einen Denar; und dem Öl und dem Wein tu kein Leid.» Das hat zu bedeuten: Die Zeit, in der sich nach der Passion des Gottessohnes die Verfolger in der Kirche erheben, ist jenes schwarze Pferd. In ihrem Unglauben, da sie ungläubig den Glauben verachten, zogen sie sich die Schwärze ihrer Untreue an. Gottes Zorn aber setzte in rechtem Maßhalten das Leiden der Blutzeugen dagegen, indem Er den Quälgeistern ihre zugemessene Strafe gab, den Märtyrern aber ewigwährende Herrlichkeit. Der Sieg der Blutzeugen war die trächtige Wurzel aller Tugenden, die ihre Zweige in ihnen erhoben und mit denen sie die Gelage des Eigenwillens und des fleischlichen Gesetzes abtrugen. In ihnen ist der Mangel im fleischlichen Begehren aus der Liebe zu ewigem Leben wirksam geworden, wie auch der Friede, den jeder Gläubige in sich hat: Das geschah aber in jenem glückseligen Hunger, in welchem die Gläubigen hungern und dürsten nach der Gerechtigkeit. So bedeutet auch die Waage, daß der Mensch in geistiger Enthaltsamkeit von den Früchten der Erde ernährt wird und daß er in der Jungfräulichkeit von Natur aus die himmlische Heimat liebt.

In jener Zeit aber brachen über alle Gegenden der Erde blutige Kämpfe unter den Menschen aus; die Früchte der Erde wurden vernichtet, und die Menschen gingen an plötzlichem Tode oder am Biß wilder Tiere zugrunde. Die alte Schlange hat ihre Freude an all den Strafen, die der Mensch an Seele wie Leib zu erleiden hat. Wie sie selbst der himmlischen Glorie verlustig ging, so möchte sie auch den Menschen nicht dahin gelangen lassen. Spürt sie nämlich, wie ein Mensch mit ihr übereinzustimmen beginnt, so sinnt sie darauf, den Kampf gegen Gott zu eröffnen, indem sie spricht: «Jetzt aber! Jetzt will ich im Menschen all meinen Willen durchsetzen!» Allsogleich sät sie in ihrem Haß eine häßliche Verschwörung unter den Menschen aus, auf daß sie einander vergiften. Und sie sprach: «Sterben lassen will ich die Menschen; noch mehr sollen sie ruiniert werden, als ich schon verloren bin. Wenn ich schon nicht sein kann, sollen sie auch nicht sein!» Auch nahm sie sich in ihrer Aufgeblasenheit vor, die Nachkommenschaft der Menschenkinder zu kompromittieren, da wo Männer sich an Männern begehrlich entflammen und perversen Verkehr treiben. Gar sehr freut sie sich daran, und jauchzt auf: «Das ist nun mal eine gewaltige Lästerung auf Den, der den

Menschen gebildet hat, daß der Mensch sich so an seiner eigenen Natur vergeht, indem er den natürlichen Umgang mit Frauen verweigert!» Solche Menschen sind infolge der diabolischen Einflüsterung treulos und verräterisch; im Hassen und Morden sind sie Räuber und Diebe; in der widernatürlichen Unzucht mit Männern aber liegt die schmutzigste Übertretung und das Lasterhafte an sich. Wenn solche Frevel nämlich unter den Menschen Einfluß gewinnen, dann wird die Einrichtung des göttlichen Gesetzes zerfetzt, die Kirche – eine arme Witwe – wird zusammengeschlagen. Fürsten, Adelige und Reiche werden durch ihre Untergebenen des Landes vertrieben und fliehen von Stadt zu Stadt. Der Adel wird vernichtet und aus reich wird arm! All das werden sie tun; die alte Schlange wird die Vielfalt der Sitten wie die Vielfalt der Kleider spöttisch unter dem Volk auszischen. Das Volk selbst wird diese nur nachäffen, da was wegnehmend, hier etwas zufügend, da es sich mit solchem Tun immer nur erneuern möchte und modisch verändern will.

Die alte Schlange aber und mit ihr die anderen schändlichen Geister verloren zwar die Schönheit ihrer Gestalt, aber sie haben damit nicht auf den Verstand verzichtet. Deshalb zeigen sie sich aus Furcht vor ihrem Schöpfer auch keiner sterblichen Kreatur in der Gestalt ihrer Verderbnis, stellen vielmehr mit ihren Einflüsterungen den Menschen in seinem sittlichen Verhalten nach, wie sie auch in der übrigen Kreatur immer nur Ähnlichkeiten aufspüren. Gott aber hat wider ihre Bosheit einen gewaltigen Kampf entfacht, indem Er die Vernunft des Menschen ihrer Vernunft entgegenstellte und sie so zerschlug. Dauern aber wird dieser Streit bis zum Jüngsten Tage, wo ihr Wirrwarr sie über alles besudeln wird, wo aber auch der Mensch als Sieger den Sieg des Lebens empfangen wird... (LDO 908–911; WM 194–197)

Weiter wird beschrieben, wie der menschgewordene Sohn Gottes alle Wunder, die ihm vorausgegangen, in sich selbst erfüllt hat. Die Zeit von Adam bis Noe gleicht der Kindheit Jesu. Der Jüngling verweist auf die Zeit von Noe bis Abraham: Er übergab sich dem Wasser und heiligte es mit Seinem Leibe. Die Zeit Seiner Wundertaten gleicht dem Gesetz des Moses, Seine Passion der babylonischen Gefangenschaft, die Auferstehung der Befreiung des Volkes Israel. Die Eingießung des Geistes und die Aussendung der Jünger sind Hinweis auf den ausgehenden Alten Bund und die Bekehrung zum geistlichen Leben.

Als nun der Vater Seinen Sohn wieder in Sein Herz nahm, von dem Er ausgegangen und aus dem Er dennoch nie fort war, so wie auch ein Mensch seinen eigenen Atem wieder in sich aufnimmt, da erblickten alle Engelscharen und alle Himmelstiefen Ihn als Gott und Mensch zugleich. Deshalb berührte Er auch Seine Jünger mit jenem Feuer, aus dem Er im Schoße Seiner Mutter empfangen ward; Er ergoß mit jenen Feuerzungen eine gewaltige Kraft, stärker als des Löwen Kraft, der die wilden Tiere nicht fürchtet, sondern raubt, damit die Jünger die Menschen nicht fürchteten, sie vielmehr eroberten. Der Heilige Geist wandelte ihr Leben in ein anderes um, ein Leben, das sie vorher nicht kannten. Mit Seinem Geisthauch weckte Er sie so auf, daß sie nicht mehr wußten, ob sie noch Menschen seien. Mit einem noch größeren und mächtigeren Anteil suchte Er sie heim, als Er jemals vorher oder nachher jemanden heimgesucht hatte. Denn wenn schon die Propheten vieles über den Heiligen Geist verkündet haben und viele auch nach den Jüngern noch große Wunder vollbrachten –: Keiner von ihnen hat Feuerzungen erblickt. Da sie nun mit den äußeren Augen die feurigen Zungen sahen, wurden sie auch im Inneren so gekräftigt, daß alle Unruhe und alle Furcht vor Gefahren ihnen aus dem Herzen genommen wurde und sie in keiner Gefahr mehr Schrecken

oder Angst kannten. Eine solche Kraft hatte ihnen die göttliche Macht mit den Feuerzungen eingeprägt.
Dem allmächtigen Vater aber gefiel es, daß die Zahl dieser Zwölfe, die Er Seinem Sohne verbunden hatte, bewahrt bliebe, auf daß diese Jünger wiederum andere lehrten, was sie von Ihm gehört. So hat Gott ja auch das Firmament eingerichtet; Er hat Seine Feste mit dem Wehen der zwölf Winde und den zwölf Zeichen der umlaufenden Monate zusammengehalten. Und wie das Firmament alle seine Aufgaben mit Feuerkraft vollführt, so wurden auch jene Zwölf bei allen Wundertaten mit dem Feuer des Heiligen Geistes gestärkt. Sollte doch ihre Lehre wie das Wehen des Windes über die Erde ausströmen; und wie die Sonne aufstrahlt, so brannte auch ihr Martyrium gleichsam mit dem Südwind.
Wie die Monate ihren Lauf mit allem vollenden, was das Firmament zusammenhält, so vollendet auch Gott mit jenen wahrhaften Menschen alle Seine Zeichen im allumfassenden Glauben. Er führt die zehnte Zahl – den Menschen –, den jene Drachme bezeichnet, welche die Weisheit wiederfand, durch Seinen Sohn zum Himmel zurück. Und so weilt wieder in Ihm der Eingeborene Gottes und der Sohn der Jungfrau, deren Name Meerstern (Stella maris) ist, von dem alle Flüsse ausgehen und zu dem sie wiederum zurückströmen, wie auch von diesem Eingeborenen Gottes das Heil aller Seelen kommt. Alles, was vorausverkündet ist, was vor Ihm unter oder noch vor dem Gesetz war, brachte Er in sich zur Erfüllung. Alles führte Er in einen besseren Zustand. Und so wandelt Er auf den Schwingen der Winde, das heißt: In den genannten Wunderwerken überragt Er die Taten der Patriarchen, die Worte der Propheten und die Zeugnisse und Schriften aller Gelehrten. In Seiner Menschheit erhebt er sich über die gesamte Schöpfung – und diese ist der Mensch! Alle Krea-

tur empfängt Er von Seinem Vater als Sein Erbe, wie Er dies schon Seinen Jüngern gesagt:
«Alles ist Mir von Meinem Vater übergeben worden» (Matth 11,27). Dieser Worte Sinn will so verstanden sein: Ich, das Wort und der Sohn Gottes, bin von Meinem Vater ausgegangen. Von Ihm ist Mir alles übergeben worden, von dem Er vorausbestimmt hatte, daß es gebildet werden sollte, so wie auch die Worte die Gedanken vortragen, die im Herzen verborgen sind. Zu Ihm kehre Ich wieder zurück mit dem erfüllten Auftrag Meiner Inkarnation, einem Werke, das Er Mir schon in der Ewigkeit anvertraut hatte, in der Ich immerdar blieb vor der Zeit und unzertrennlich mit Ihm, der Mich gesandt hat, um die Zahl der Auserwählten aufzufüllen, die Er festgesetzt hatte.
Und wie Ich von Ihm die Macht erhielt, im Himmel schöpferisch zu sein, so erhielt Ich auch von Ihm die Macht, unten in der Welt die verlorengegangene Schöpfung wiederherzustellen. In der wahren Voraussicht Gottes lag ja alles in Ewigkeit geborgen, was künftighin werden sollte, was Er späterhin durch Sein Wort, Seinen Sohn, schaffen sollte. Ihm übertrug Er die Macht, das, was Er erschaffen hatte, auch zu erlösen und zu lenken. So übergab Er alles Seinem Sohne, der vor aller Zeit in der Gottheit des Vaters mit Ihm in der gleichen Wesenheit ewig war.
Der Sohn Gottes wandelte auf den Schwingen der Winde, da die Propheten die Schwingen der Worte des Heiligen Geistes waren. Wie der Heilige Geist sie inspiriert hatte, so prophezeiten sie mit ihren Worten. Darin gaben sie ein Beispiel für den Sohn Gottes. Was sie von Ihm vorausgesagt hatten, wirkte Er auf der Welt und trug den Menschen auf Seiner Schulter zum Himmel und, wie vorhergesagt, an den Ort des Paradieses zurück.

Auf diese Weise schuf Gott eine überirdische Wohnung und ein Paradies, so wie ein Mensch es macht, der seinen Untergebenen eine Wohnung baut. In diese Heimat trug der Sohn Gottes auf Geheiß Seines Vaters die Seelen der Gläubigen, nachdem Er sie der Hölle entrissen, so wie es der Mensch macht, der zunächst seine Stadt noch mit wenigen Bürgern belegt, sie dann aber mit einer gewaltigen Menge anfüllt. Gott der Allmächtige hatte dies alles vor der Menschwerdung Seines Sohnes schon bestimmt und dem Menschen den Vorzug eingeräumt, an der Schöpfung mitzuwirken. Einzig der Mensch geht aufrecht einher und blickt mit seinem Antlitz empor zum Himmel, während die übrigen Lebewesen zur Erde geneigt und dem Menschen unterworfen sind. Und so ist der Mensch durch den vernünftigen Geisthauch unauslöschlich, in seinem Fleische aber mit den Würmern der Fäulnis preisgegeben. Die Weissagung ist ähnlich den Worten von Kindern, die die Worte noch nicht verstehen können; reifen sie heran, so verstehen sie ihre Worte. So war die Weissagung vor der Menschwerdung des Gottessohnes nicht zu verstehen, in Christus aber wurde sie offenkundig, da Er die Wurzel aller guten Früchte im Heiligen Geiste ist.

(LDO 975–978; WM 260–263)

O Feuergeist des Trösters, innigste Lebenskraft aller Natur, heilig bist du, indem du jedwede Gestaltung zum Leben erweckst. Heilig bist du, der du heilest, was elend und gebrechlich ist. Heilig bist du, der du die eiternden Wunden reinigst.
O Geisthauch voll Heiligkeit! O Feuerbrand der Liebe! O süße Herzenslust und du Herzenserguß im guten Dufte der Tugenden.
O Quell aus Lauterkeit, in dem sich spiegelt, wie Gott die Fremden wieder bindet und die Verlorenen sucht.
O Planer des Lebens, und du, o Hoffnung aller Glieder und Gliederungen, du Gurt der Ehrenhaftigkeit, heile die Seligen!

Schütze alle, die gefesselt vom Feinde da liegen, löse die Gebundenen, die deine göttliche Macht heilen will.

O kraftvoller Pfad! Alles durchdringst du in Höhen, auf Erden, in Abgründen all, du fügest und schließest ja alle in eins.

Durch dich fluten die Wolken und fliegen die Lüfte, träufeln die Steine vom Saft; durch dich bringen die Quellen die Bäche hervor, und quillt aus der Erde das frische Grün.

Du führest auch meinen Geist ins Weite, wehest Weisheit ins Leben und mit der Weisheit die Freude.

(Carmina, 19)

ZWEITER TEIL

WORT UND WERK

Der Mensch steht für das All

Aus dem Licht der Vernunft ist auf geheimnisvolle Weise das dreifaltige Leben der Gottheit offenbart worden. In dreifacher Hinsicht wird nun auch das ganze Wesen des Menschen offenkundig: als das geschaffene Werk Gottes *(opus Dei)*, als ein sich am anderen verwirklichendes Werk *(opus alterum per alterum)*, als ein leibhaftiges Werk schließlich an und mit der Welt *(opus cum creatura)*. Alle drei Ebenen leiten uns hinüber aus dem Leben im Licht zum Werk der Heiligung und zur Heimat im ewigen Heil. Noch einmal wird damit der gewaltige Kreis der Schöpfung betreten und auf das Wirken des Wortes ausgedeutet. Das Wort ist Fleisch geworden und hat leibhaftig unter uns gewohnt. Denn Gott ist ein feuriges Leben, Licht der Vernunft, ewiges wirkendes Feuer. So steht Gott – der «Vir Deus» – im «Buch der Lebensvergeltungen» vor uns, wo sich Gott als ein Mann zeigt, der das Weltall bewegt.

UND ES GESCHAH im neunten Jahr, nachdem eine wahre Schau mir, einem einfältigen Menschen, jene wahrhaften Visionen gezeigt hatte, unter denen ich mich zehn Jahre lang abmühen mußte.
Es war das erste Jahr, nachdem dieses Gesicht mir folgende Schriften zu erklären gegeben hatte: «Die Feinheiten der verschiedenen Naturen der Geschöpfe», ferner Antworten und Ermahnungen an zahlreiche Personen hohen und niederen Standes, alsdann die «Sinfonie der Harmonie himmlischer Offenbarungen» und «Die unbekannte Sprache», schließlich die Briefe mit einigen anderen Erklärungen, unter denen ich insgesamt acht Jahre lang nach den erwähnten Visionen aus-

geharrt hatte, durch viel Kranksein und starke körperliche Beschwernisse belastet. Als ich nun sechzig Jahre alt geworden, erlebte ich eine gewaltige und wunderbare Schau, und auch mit diesem Gesicht hatte ich ein halbes Jahrzehnt hindurch zu tun.

Zu Beginn meines einundsechzigsten Lebensjahres also, im Jahre 1158 nach der Menschwerdung des Herrn, da der Apostolische Stuhl bedrängt war und Kaiser Friedrich das Römische Reich regierte, da hörte ich eine Stimme vom Himmel zu mir sprechen:

«Du, der du von deiner Kindheit an durch den Geist des Herrn nicht auf leibliche Weise, sondern geistig in der wahren Schau unterwiesen wurdest, verkünde nun das, was du jetzt siehst und hörst. Denn von Beginn deiner Schau an wurden dir einige Erscheinungen gleichsam wie flüssige Milch gezeigt; andere wieder wurden dir gleich einer erquickenden, leichten Speise angeboten; noch andere wurden dir wie feste und vollkommne Nahrung angewiesen. So rede denn auch jetzt wiederum nach Mir und nicht nach dir, und schreibe Mir nach und nicht dir nach!»

Und ich legte Hand ans Schreiben, wie jener Mann bezeugen kann, den ich, wie in früheren Visionen erwähnt, im Geheimen gesucht und gefunden hatte, und wie auch ein bestimmtes Mädchen bezeugt, das mir behilflich war. Und wiederum hörte ich die Stimme vom Himmel, die zu mir sprach und mich folgendermaßen belehrte: (LVM 7/8; MV 27)

Der Mann, den du da inmitten des Weltalls siehst, steht für Gott. Mit Recht wird Gott ein Mann genannt, weil alle Kraft und alles, was da lebt, ausgeht von Ihm. Das aber ist jener Mann, von dem der Prophet sagt: «Der Herr zieht aus wie ein Held, wie ein Krieger entfacht er seinen Zorneifer. Er stößt

den Kriegsschrei aus, läßt den Schlachtruf erschallen und geht mannhaft gegen seine Feinde vor» (Is 42,13).
Das soll heißen: Vor dem Ursprung der Tage war der Herr hervorgetreten auf dem Gipfel Seiner Macht. Seine Kraft gab allem Leben Leben in jeder Art von Schöpfung. Das Leben, das Er schuf, besaß die Fülle der Fruchtbarkeit zur weiteren Entwicklung der Geschöpfe. Und dieser Mann bildete nach dem uralten Ratschluß alles aufs beste und vollkommenste. Er fügte das Bauwerk der Tugenden dergestalt, daß keine leere Stelle darin zu finden war. Daher kämpfte Er in aller Fülle gegen Seine Feinde, deren Inneres nur der Hochmut ist, der schon klettern möchte, ehe er überhaupt die Leiter erblickt hat, und der sich schon eher setzt, als ihm ein Sitz zur Verfügung steht...
Doch Gott ist über alles und in allem der Allererhabenste, so daß weder die Engel noch die Geister der Gerechten Ihn vollkommen erfassen können. Aus Ihm nehmen alle Lebewesen ihren Ursprung, während Er selber keinen Beginn eines Anfanges hat, sondern in sich allein beruht. Er hat Sein Leben in sich, Seine Macht in sich, Sein Wissen in sich. Wer lebt, wer kann, wer weiß – das ist Gott! In diesen drei Vermögen sind alle Werke Gottes unterschieden und vollendet, und darin tragen alle Seine Werke die Möglichkeit der Verwirklichung. Und Gott ist ewig, und die Ewigkeit ist Feuer, und darin lebt Gott. Gott ist aber kein verborgenes Feuer und keine schweigende Flamme: Seine Feuersglut ist am Werke, weil Gottes Macht über alles Erkennen und Denken der Geschöpfe hinaus in der Herrlichkeit Seiner Mysterien und Geheimnisse das All ordnet und lenkt. So beherrscht der Kopf den ganzen Leib, indem er alles Lebendige vernünftig erscheinen läßt: Die Augen sehen, die Ohren hören, die Nase riecht, und der Mund bringt seine Rede in Vernunft vor.

Gott ist ebenso das Haupt aller Gläubigen: Dennoch macht Er nicht alles kund, was im Geheimnis der Gottheit ruht, da in Ihm das heimliche Leben abgeborgener Lebendigkeit liegt, wie er auch Seine Diener zu Feuerbränden im Gerichte macht. Denn das Urteil wird eher gehört als vollstreckt: So ist es auch bei Gott. Er selbst prüfte vor dem Gesetz, gleichsam oberhalb Seiner Schultern, die Menschen vor der Gesetzeszeit mit Wasser und Feuer, da sie noch durch keine andere Gesetzlichkeit zu prüfen waren. Später aber, im Gesetze, reinigte Er sie durch verschiedene, harte Züchtigungen, die Er später vollendete, als Er selber Mensch ward und den Teufel in seiner Macht vernichtete. Er hat in Seiner Güte den Menschen vom Schmutz der Sünden durch die wahre Gerechtigkeit gereinigt... (LVM 17–19; MV 39–41)

Die jedoch in der seligen Höhe bleiben wollen, sollen den lebendigen Gott anbeten, der aller Schöpfung das Leben schenkt und der im Himmel wohnt. Keinen anderen sollen sie verehren als den, der in der höchsten Herrlichkeit thront und der alles recht geordnet hat, wie dies der Psalmist David zum Ausdruck bringt: «Unser Gott ist im Himmel. Alles, was immer Er wollte, Er hat es vollbracht. Die Götzen der Heiden aber sind Silber und Gold, gebildet von Menschenhand» (Ps 115,3–4). Das soll bedeuten: Gott ist jenes Leben, das durch keinen Anfang verdunkelt wird und auch durch kein Abnehmen zu Ende geht. Er selbst ist «unser Gott», da Er, der selber das Leben ist, den Seinen unversiegliches Leben verleiht. Er lebt «im Himmel», in jener Herrlichkeit, die der sterbliche Mensch nicht zu fassen vermag, die vielmehr jenes Leben bedeutet, das zur Heimat des Lebens wird. Gott lebt ja und gibt den Seinen das Leben und gewährt ihnen eine bleibende Stätte im Leben. (LVM 33; MV 57)

Der Mensch als Geschöpf und Schöpfer

An den Anfang ihrer «Heilkunde» stellt Hildegard die Erschaffung der Welt aus der Ewigkeit Gottes –: das Bild einer Welt, in die auch der Mensch in seiner kreatürlichen Abhängigkeit hineingestellt wurde und die er in seiner Gestalt widerspiegelt und in der er als Person schöpferisch fruchtbar wird. Denn der Mensch allein ist Geschöpf und Schöpfer zugleich; und er wirkt sein Werk an der Welt.

Gott ist vor der Erschaffung der Welt gewesen, ohne Anfang; denn ER IST. Er ist das Licht und alle Herrlichkeit gewesen und ist es immerdar. Immer ist Er das Leben gewesen. Als dann Gott die Welt zu erschaffen gedachte, brauchte Er nichts weiteres dazu; denn schon in Seinem Wollen war der ganze Weltstoff vorhanden. Als nämlich Gottes Wille aus sich herausging, um die ganze Wirklichkeit zu erschaffen, da trat aus dem Wollen selbst und wie Gott es wollte der Stoff der Welt heraus, noch ungeformt und wie ein dunkler Klumpen.
Und das Wort des Vaters erscholl: «Es werde Licht!» – da war alles Licht und die Welt voll leuchtender Wesen. Denn das Wort «Es soll Licht werden» bedeutete nicht irgendwelche Lichter, sondern jenes besonders geformte Licht, jene Licht-Gestalten, welche die Engel sind. Als Er aber sprach: «Es sollen Lichter werden», bedeutete dies erst jenen lichten Luftstoff, den wir zu Gesicht bekommen.
Luzifer aber erblickte gen Norden einen freien Raum, der noch nicht schöpferisch ausgefüllt war: Dort wollte er nun mit seiner Herrschaft einsetzen, um da noch reichhaltigere und herrlichere Schöpfungen zu wirken als Gott; denn von Gottes Absicht, noch andere Kreaturen zu erschaffen, wußte er nichts. Er hatte ja weder das Antlitz des Vaters angeschaut, noch wußte er von Seiner Allmacht, noch konnte er Seine

Güte kosten; so versuchte er denn, ehe er all dieses erfahren hatte, sich Gott zu widersetzen. Gott hatte nämlich dies alles noch nicht offenkundig werden lassen: Er hielt es verborgen, wie ein mächtiger Herr es wohl tut, der seine Stärke den anderen, die ihn noch nicht kennen, verborgen hält, bis er sieht, was sie von ihm halten, was sie zu beginnen und auszuführen gedenken.

Da Luzifer aber in seinem verkehrten Wollen sich zum Nichts emporheben wollte, fiel er, weil es ja Nichts gewesen ist, was er schaffen wollte, in eben dieses Nichts und vermochte dort nicht Fuß zu fassen, wo er ja unter sich keinerlei Grund haben konnte. Hatte er doch über sich keine Höhe, unter sich keine Tiefe, welche ihn vor dem Fallen hätten halten können. So stürzte er denn. Nun rief aber, so wie er sich zum Nichts hin ausstreckte, der Beginn eben dieses Auslangens nach Nichts schon das Übel hervor: Alsogleich brannte dieses Übel, aber ohne alle Klarheit, ohne jeden Lichtglanz, nur rein in sich selbst, entfacht durch Gottes strafenden Eifer, sich herumwälzend wie ein Rad, welches nur sich selber herumwirft. Dabei trug diese Feurigkeit nichts aus sich heraus als Finsternis.

Damit sind Gut und Böse auseinandergefallen: Weder berührt das Gute das Böse noch das Böse das Gute. Gott blieb so unberührt, ganz vollkommen wie ein Rad: Er blieb der Vater voll Güte, weil Seine Vaterschaft voll ist von Seinem Gutsein: Vaterschaft ist ja ganz gerecht, ganz voll Güte und zugleich das Mächtigste und Beständigste, und von da her gemessen wird sie aufgefaßt als ein Rad. So ist Gott wie ein Rad, wie auch dieses selbst Symbol ist für das Vollkommene. Hätte dieses Rad nichts als seinen äußeren Umlauf, würde es sich in solchem Leerlauf erschöpfen. Und wenn zufällig ein Fremder daherkäme und da noch etwas dran schaffen wollte, so könn-

te er es nicht; denn an einem einzigen Rad können nicht zwei Handwerker gleichzeitig ihre Verrichtungen anstellen.
O Mensch, schau dir doch daraufhin den Menschen richtig an: Der Mensch hat ja Himmel und Erde und die ganze übrige Kreatur schon in sich selber und ist doch eine ganze Gestalt, und in ihm ist alles schon verborgen vorhanden!
So ist Vatergüte gleichsam der Kreis im Rad, Vaterliebe ist des Rades Fülle. Die Gottheit waltet in ihr; aus ihr stammt alles; außer ihr ist kein Schöpfer. Luzifer aber hat diese Ganzheit nicht; er geriet in die Zersplitterung und ist gespalten, da er sein wollte, was er nicht sein sollte. Kein geschaffenes Wesen aber kann existieren, das nur in einer einzigen Eigentümlichkeit Bestand hat; es muß vielmehr mehrere solcher besonderen Beschaffenheiten aufweisen. Das Nichts allein hat keine besondere Eigenart, aus welcher es seinen Bestand herholen könnte; es ist deshalb einfach – nichts. Aus diesem Grunde verlieren auch die anderen Geschöpfe, sobald sie sich aus freiem Willen heraus mit solchem Nichts in Verbindung setzen, die ihnen charakteristischen Eigenschaften und werden gleichfalls zunichte. Als Gott nun die Welt erschuf, hatte Er schon in Seinem ewigen Ratschluß festgelegt, daß Er Mensch werden wollte. (CC 1/2; Hk 49/50)

Gott ordnete alles in Weisheit und Kraft. Denn Gott hat durch die Weisheit das Firmament gesetzt und es mit den Kräften der Gestirne wie mit einem Schlüssel gesichert, so wie der Mensch sein Haus mit Schlüsseln sichert, daß es nicht verkommt. Die Sterne stehen dem Mond zur Seite, der von der Sonne entzündet wird und bei seinem Schwinden sein Licht den Sternen spendet. Die Weisheit ließ ihn nach dem uralten Ratschluß mit der Sonne, indem der Mond der Erde Feuchtigkeit zuflößt, fruchtbar werden für den Menschen, der «die

ganze Schöpfung» ist. Die Sonne weist hin auf die Gottheit, der Mond auf die unermeßliche Zahl menschlicher Geschlechter; beide aber stellen die Zierde der Weisheit dar.
Das Firmament ist der Thron aller Schönheit, wie auch der Mensch seinen Thron hat, die Erde nämlich, die ihn hält. Dies hat Gott mit allem Schmuck zu Seinem Lobpreis erstellt, wie die Weisheit es voraus geordnet hatte. Daher war die Schöpfung gleichsam das Gewand der Weisheit, da sie ihr Werk bedeckt, wie auch der Mensch spürt, daß er ein Kleid anhat. Wäre nämlich der Mensch so geschaffen, daß er der Kleider entbehren könnte, so bedürfte er auch nicht der Kunstfertigkeit, noch brauchte er durch irgendeinen Dienst geehrt werden; er brauchte nur den Leib als Gewand der Seele und würde durch die Seele in Bewegung gehalten.
Gott kann ja nicht geschaut werden, sondern wird durch die Schöpfung erkannt, so wie auch der Leib des Menschen seiner Kleider wegen nicht gesehen werden kann. Und wie der innere Glanz der Sonne nicht erblickt wird, so kann Gott von der sterblichen Kreatur nicht gesehen werden. Doch wird Er durch den Glauben erkannt, wie auch der äußere Kreis der Sonne vom wachsamen Auge wahrgenommen wird. Jedes Werk, das die Weisheit erstellt hat, ist gegen die Bosheit des Teufels gerichtet, der auf Gottes Heilswerk immer einen Haß gehabt hat und es immer hassen wird bis ans Ende der Vollzahl. Dann wird er mit solcher Kraft geschlagen und zugrunde gehen, daß er fürderhin nicht weiter wider Gott zu streiten versucht.
Alle Ordnung der Weisheit ist sanft und milde, da sie ihr Gewand im Blut des barmherzigen Lammes wäscht, wenn sie von Schmutz bespritzt ist. Daher muß die Weisheit mehr als alle Schönheit der Schöpfung geliebt werden und wird von allen heiligen Seelen als liebenswert erkannt, da sie sich nim-

mer an ihrem liebenden Anblick ersättigen können. Was immer auch die Weisheit geordnet hat, das lebt der Geist im Menschen und macht es wach und hört nie damit auf. Solange aber der Mensch in seinem Leibe lebt, vermehren sich in ihm seine Gedanken ohne Zahl, so wie auch der Klang des Lobpreisens in den Engeln unzählbar ist. Das Denken ist ja in der Jugend eines Menschen schon lebendig; er bringt es alsdann zum Ausdruck mit dem Wort seiner Vernunft, um durch sie sein Werk zu wirken, das freilich nie aus sich selber leben könnte, da er einen Anfang hat. Die Ewigkeit allein lebt aus sich und wird nie ein Abnehmen erleiden, da sie vor der Zeit ewig Leben war. Wird aber die Seele zur Unsterblichkeit gewandelt, dann wird sie nicht mehr als Seele gerufen, weil sie dann nichts mehr durch die Gedanken mit dem Menschen wirkt, sondern fürderhin im Lobpreis mit den Engeln lebt, die Geist sind. Dann wird auch sie Geist genannt, da sie alsdann nicht mehr mit dem Körper des Fleisches arbeiten wird.

Mit Recht wird der Mensch «Leben» genannt, weil er Leben ist, solange er aus dem Geisthauch existiert. Wird er aber im Tod des Fleisches zur Unsterblichkeit verwandelt, so wird er ganz im Leben sein. Nach dem Jüngsten Tage ist er mit Leib und Seele in Ewigkeit Leben. Hat doch Gott bei der Bildung des Menschen Seine verborgenen Geheimnisse in ihn verschlüsselt, da der Mensch im Wissen, im Denken und im Wirken zum Gleichbild Gottes gemacht wurde. Die Gottheit hielt die Ordnung des gesamten Heilswerkes in sich beschlossen, wie sie verwirklicht werden sollte, und demgemäß hat Sie auch den Menschen so erstellt, daß er planend überlegen kann. Der Mensch sollte alle seine Werke zunächst einmal in seinem Herzen erwägen, bevor er sie ausführte. Und so ist der Mensch die Eingeborgenheit der Wunder Gottes (clausura mirabilium Dei). So ordnet Gott, der Mensch denkt, indes der Engel das Wissen hat, aus dem er immerdar mit dem Klang des Lobpreisens und mit der Liebe Gott zur Ehre tönt und nichts anderes begehrt, als Gott anzuschauen und Ihn zu rühmen. Gott aber hatte vor der Zeit ohne Verzögerung des Wirkens bereits in Seinem Seinsgrunde, was er tun wollte. Und so erkennt der Mensch, der die Eingeborgenheit Seiner Wunder ist, Ihn mit dem Auge des Glaubens und umarmt Ihn mit dem Kusse des Wissens, Ihn, den er mit seinen leiblichen Augen nicht zu sehen vermag. Und er wirkt nach Seinem Beispiel. (LDO 996–998; WM 278–280)

So sind Gott und Mensch eine Einheit, wie auch Seele und Leib eine Einheit bilden. Denn Gott hat den Menschen zu Seinem Bilde und Gleichnis gemacht. Wie aber jedes Ding seinen Schatten hat, so ist auch der Mensch der Schatten Gottes. Der Schatten ist das Zeichen einer Gestalt, und so ist auch der Mensch ein Hinweis auf den allmächtigen Gott in allen Seinen wunderbaren Werken. Der Mensch ist nur ein Schatten, weil er einen Anfang hat. Gott aber hat weder Ursprung noch Ende. Daher ist die ganze himmlische Harmonie ein Spiegel der Gottheit. Der Mensch aber ist der Spiegel aller Wunderwerke Gottes. (CC 65; Hk 129)

Der Kosmos Mensch

Mitten im Weltenbau steht mit riesenhaften Ausmaßen die Gestalt des kleinen Menschen. Er überragt die fest umrissene Kontur der Erde und stellt sich erhobenen Hauptes mit weit in Kreuzesform ausgespannten Armen in das Weltenrad. Er hält die Weltelemente in seiner Hand, wie ein Mann, der ein Netz in der Hand hält und dieses bewegt. Er ist selber in das Weltnetz verflochten: In einem dichten Gefüge von vererbten Anlagen und in einem ebenso dicht verwobenen Geschick von Verhältnissen und Verhängnissen hat er sein Leben in Verantwortung zu führen und zu entscheiden.

In seiner hinfälligen Existenz gehorcht er über die Gabe seiner Vernunft dem Anspruch des Schöpfers und gewinnt auf diesem Lebenswege das Heil und die ewige Beseligung. Das ist in knappen Strichen Hildegards Bild vom Menschen in der Schöpfung. Aus der Sicht einer solchen Anthropologie gewinnen erst alle theologischen Aussagen ihre Substanz, wie auch von diesem Aspekt her erst der Reichtum und die Widersprüchlichkeit einer geschaffenen Welt einen Sinn bekommen. Wo auch immer von der Welt und ihrem Schöpfer die Rede ist, da ist der Mensch gemeint, der Mensch als Welt und als das vollkommene Werk Gottes. Der Mensch ist verantwortlich für das All.

Mitten im Weltenbau steht der Mensch. Denn er ist bedeutender als alle übrigen Geschöpfe, die doch abhängig von jener Weltstruktur bleiben. An Statur ist dieser Mensch zwar klein, an Kräften des seelischen Vermögens jedoch gewaltig. Sein Haupt nach aufwärts gerichtet, die Füße auf festem Grund, vermag er sowohl die oberen als die unteren Dinge in Bewegung zu versetzen. Was er mit seinen Werken rechter und linker Hand auch bewirkt, das durchdringt jenes All, weil er in der Kraft seines inneren Menschen die Möglichkeit hat, solches ins Werk zu setzen. Wie nämlich der Leib des Menschen das Herz an Größe übertrifft, so sind auch die Kräfte der Seele gewaltiger als die des Körpers, und wie das Herz des Menschen im Körper verborgen ist, so ist auch der Körper von den Kräften der Seele umgeben, da diese sich über den gesamten Erdkreis hin erstrecken. So hat auch der fromme Mensch sein Dasein im Wissen Gottes und strebt in seinen geistlichen wie weltlichen Lebensnotwendigkeiten auf seinen Gott hin. Geht es mit seinen Unternehmungen gut vorwärts oder glücken sie auch nicht: Immer geht sein Trachten auf

Gott, da er mit seinem Tun ununterbrochen seine Ehrfurcht vor Ihm zum Ausdruck bringt. Denn wie der Mensch mit seinen leiblichen Augen allenthalben die Geschöpfe sieht, so schaut er im Glauben überall den Herrn: Er ist es, den der Mensch in jedem Geschöpf erkennt. (LDO 761; WM 44/45)

Auf diese Weise hat Gott den Menschen mit allen Kräften der Natur gefestigt. Er hat den Menschen mit der Rüstung der Schöpfung angezogen, damit er alle Welt im Sehen erkenne, im Hören verstehe und im Geruch unterscheide, damit er im Geschmack von ihr genährt werde und sie im Tasten beherrsche. Und so sollte der Mensch zur Erkenntnis des wahren Gottes kommen, der da ist der Schöpfer der gesamten Kreatur. Der Mensch sollte nicht seine Kräfte aufbieten, um gegen Gott zu kämpfen, so sehr er auch durch den Rat der alten Schlange oftmals hinters Licht geführt wird. Hat Gott ihm doch die erwähnten Kräfte nicht geschenkt, um seinen Geist zur Torheit des bösen Engels zu erheben. Gott hat vielmehr die Gestalt des Menschen nach dem Bauwerk des Weltgefüges, nach dem ganzen Kosmos, gebildet, so wie ein Künstler seine Formen hat, nach denen er seine Gefäße macht. Und wie Gott das riesige Instrument des Weltalls nach ausgewogenen Maßen gemessen hat, so hat er dementsprechend den Menschen in seiner kleinen, kurzen Gestalt abgemessen, und zwar so, wie wir es ausführlich geschildert haben. Gott schuf ihn so, daß Glied an Glied gefügt, keins das rechte Maß, das richtige Gewicht überschreite, außer nach Gottes Bestimmung. Auch sollte sich jedes in der Vielfalt der Gliederungen in den Gelenken beugen können, am Hals, an den Schultern, an den Ellenbogen, den Händen, an den Schenkeln und Knien und Füßen sowie der gesamten übrigen Organisation.

(LDO 876/7; WM 152)

So ließ Gott zu Anbeginn der Welt Seine Geschöpfe gleich der strahlenden Sonne aufgehen. Er führte sie nicht nur ans Licht, sondern ließ sie auch zu ihrer Vollendung, gleichsam im Süden, sich immer weiterentwickeln. So hat Er auch den Menschen, der zwar den guten Anfang nahm, nachher aber ins Elend stürzte, nicht nur zu seinem Ursprung wiederhergestellt, sondern ihm auch mit den Kräften der Heiligkeit eine noch höhere Weihe verliehen. (LVM 24; MV 46)

Der Mensch als Leiblichkeit

Alle Wunder der Welt sind geheimnisvoll in der Gestalt des Menschen zusammengefaßt, alles nimmt Bezug auf seine Verhältnisse. Hildegard begnügt sich nicht mit einem symbolträchtigen Vergleichen von Naturbildern, wie sie uns zu allen Zeiten der Geschichte begegnen, sie geht vielmehr konsequent jedem einzelnen Teil der Körperlichkeit nach und kommt so zu einer unvergleichlichen Symbolik der menschlichen Gestalt. In ihrer zentralen Vision bespricht sie das Körperschema nach antiken Mustern: Der Leib des Menschen wird von Kopf bis Fuß – «de capite ad calcem» – betrachtet und besprochen, in jedem Glied und jedem Organ, wie auch in größeren Gruppen und in der Proportion des Ganzen. Der Kanon des Mikrokosmos wird alsdann in eine durchlaufende Parallele zu den Proportionen und Gliederungen des Makrokosmos gesetzt. Alle Körperteile werden mit bestimmten Naturkräften in Verbindung gebracht. Der menschliche Leib wird gleichsam in eine große kosmische Landschaft projiziert; er kann dort gesehen und erfahren werden.
Eine dritte Vergleichsreihe fügt sich dem Schema der Körperglieder und dem Schema der Weltglieder an: eine Systematik der menschlichen Sinnesausstattung, die immer wieder die fünf Sinne heranzieht, darüber hinaus aber auch eine allgemeine Sensibilität des Leibes, seine Fruchtbarkeit, die Potenz, den Hunger, den Schlaf, die Ermüdung, seine Assimilationskraft, seine Exkretionsfähigkeit, sein Regenerationsvermögen. Diesem menschlichen Sinnesleben folgen als letzte Vergleichsreihen das Seelenle-

ben und das Gnadenleben. Auch hier lassen sich die dominierenden Seelenkräfte mit den grundlegenden Gewissenskräften vergleichen. Bis in die Spiritualität unseres Gewissensgrundes hinein gewinnt jedes Ding der Welt eine Bedeutung.

Und ich sah das Firmament mit seinen einzelnen Gliederungen von seinem höchsten Punkte bis zum Scheitel der Erde in der gleichen Dichte, wie sie auch die Erde selbst in ihrem Durchmesser besitzt. Und abermals hörte ich eine Stimme vom Himmel, die zu mir sprach: Gott, der alles erschaffen hat, hat das Höhere so eingerichtet, daß er dadurch auch das Untere halten und läutern könnte. In der Gestalt des Menschen aber wollte Er alle diese Zeichen auch auf das Heil der Seele beziehen ... Das soll besagen: Der innere Geist des Menschen macht seine Kräfte sowohl an irdischen als auch an himmlischen Dingen derart offenkundig, daß auch des Menschen Leib in seiner schöpferischen Kraft Umgang pflegen kann mit den Dingen. Wo nämlich Seele und Leib in herzlicher Übereinstimmung miteinander leben, da erreichen sie auch in einmütiger Freude den höchsten Lohn.

Und so soll der Mensch Gott den Allmächtigen wie ein Siegel betrachten. Er soll all die Wunder und Zeichen anerkennen und dem Firmamente gleich auch sein eigenes Haus festigen, damit er durch keinerlei Erschütterung in Furcht oder Liebe von Gott abgewendet werde. Denn Gott hat sich das Firmament zum Schemel Seines Thrones gesetzt. Seinen kreisenden Kreislauf hat dieses Firmament als Gleichbild von Gottes Macht, die weder Anfang noch Ende hat. Und niemand vermag zu begreifen, wo das kreisende Rad begänne, wo es ende... Wie würde Er auch erkannt, der allein ewig ist, wenn Er nicht von Engeln erschaut würde? Wenn Er Sein Strahlen nicht hätte, wie könnte Seine Herrlichkeit voll in Erscheinung treten? Wie würde Er als der Ewige bekannt, wenn kein

Glanz von Ihm ausginge? Denn es gibt kein Geschöpf, das nicht sein Strahlen hätte, sei es das Grünen oder der Samen, die Blüten oder die Schönheit –: sonst wäre es kein Geschöpf...

Und Gott bildete die Gestalt des Menschen nach Seinem Bilde und Seiner Ähnlichkeit. Er hatte im Sinn, daß eben diese Gestalt einmal die Heilige Gottheit einhüllen sollte. Aus dem gleichen Grunde zeichnete Er die ganze Schöpfung ein in den Menschen, so wie ja auch alle Welt aus Seinem Worte hervorging.

So befindet sich am *Haupte* des Menschen, wie am Rund eines kreisenden Rades, der Scheitelpunkt des Gehirns. Zu diesem Gipfel ist gleichsam eine Leiter hin angelegt, die verschiedene Stufen des Aufsteigens hat: so mit den *Augen* im Sehen, mit den *Ohren* im Hören, mit der *Nase* im Riechen, mit dem *Mund* im Sprechen. Mit diesen seinen Sinnen schaut der Mensch alle Schöpfung; er erkennt sie, unterscheidet sie, teilt sie auf und gibt ihr die Namen. Denn Gott hat den Menschen gestaltet und ihn mit dem lebendigen Odem belebt. Er hat ihn mit Fleisch und Blut gerinnen lassen, ihn mit Knochen aufgefüllt und befestigt, wie auch die Erde mit Steinen fest gefügt ist. Wie die Erde ohne Gestein nicht bestehen könnte, so nicht der Mensch ohne sein knöchern Gebein.

Alles das nimmt nun auch Bezug auf die seelischen Verhältnisse. Die Höhe des Scheitels weist hin auf den Beginn des Wirkens der Seele, die mit der umsichtigen Vernunft alles Werk des Menschen ordnet und plant. Die Seele selbst ist da wie ein Scheitelpunkt, und sie entscheidet über alles im Organismus, was der Körper fordert und braucht, und sie bewirkt dies mit den vier Stufen des Aufsteigens und Niedersteigens, welche da sind das Sehen, das Hören, das Riechen und Schmecken. Über diese Funktionen versteht sie die Geschöpfe

und nimmt Fühlung mit ihnen; mit diesen hält sie ihr fleischliches Gefäß gewissermaßen in die Schöpfung hinein und zieht sie an, mit ihr das Ihrige zu wollen. Mit aller wachsenden Kreatur fliegt sie gleichsam wie die Luft in allen leiblichen Bedürfnissen, sie zu stillen; und in der Kenntnis der Namen aller Geschöpfe erhebt sie sich entsprechend dem Körper, sei es in Liebe oder in Haß zu ihnen.
Denn die Länge der menschlichen Gestalt und seine Breite sind, wenn er Hände und Arme gleichmäßig von der Brust ausstreckt, gleicher Größe, wie ja auch das Firmament an Länge und Breite gleich ist. Und so hat der Mensch im Maß seiner Länge und Breite, die in ihm gleiche Verhältnisse haben, auch ein Maß für das Wissen um Gut und Böse, da er im Nutzen das Gute erkennt, im Unnützen indes das Böse. Mit dem Geschmack des Fleisches und Blutes wird die Seele in den Organismus verstrickt, wie auch das Wild vom Jäger gefangen wird, so daß die Seele kaum zum Aufatmen käme, ehe nicht der Körper seine Gelüste befriedigt hätte; nachher aber läßt sie den Körper oftmals nach ihr sich sehnen.

Der Mensch, nach Osten gewandt, breitet nun seine Arme aus. Die *Gelenkverbindungen* im Schultergürtel gleichen dabei dem Windsystem. Vom Kopf geht die Betrachtung auf den *Brustraum* über. Der Schlund verleibt sich Speise ein, so wie die Seele ihre geistigen Verdauungsprodukte an das Gedächtnis weitergibt; Vergessen und Erinnern werden dabei mit dem naturhaften Rhythmus von Sommer und Winter in Zusammenhang gebracht. Die *Brüste* sind Gewebe der reifen Kraft und schwellender Fülle; sie gleichen dem feuchten Luftbereich mit seiner Fruchtbarkeit. Als Zeichen dieser Kraft, dieser Fruchtbarkeit haften – wie die Brüste dem Brustkorb – die menschlichen Triebe dem Herzen an. Der *Rumpf* mit seinen Rippen und marklosen Knochen ist mit dem weichen und feuchten Erdreich zu vergleichen, das nur hin und wieder mit Steinen durchsetzt ist.

Der *Bauchraum*, der von den Rippen und anderen marklosen Knochen gehalten wird, bezeichnet die weiche und fruchttragende Erde, die von Steinen durchsetzt ist. Nach diesem Beispiel hat die Seele den Geschmack der Sünde nicht in ihrer Natur, obwohl sie mit dem Leib die Sünde ausführt; sie zündet gleichsam den Körper nur zu den Taten an, die die Lust des Fleisches fordert, gleich dem lufthaltigen Wind, der die ganze Erde zum Keimen anregt. Die Seele hält nämlich den Körper in all seinen Funktionen zusammen, wie die weiche Erde durch die dazwischenliegenden Steine gefestigt wird. Und so wie das zarte Kind, das noch nicht die Sünde gekostet hat, spricht, und wie Adam vor der Übertretung die Sünde zwar kannte, aber nicht kostete, so kostet auch die Seele ihrer Natur nach nicht im Körper, der sündigt, die Sünde selbst... Der *Magen* hat seinen Sitz im Bauchraum. Die Speisen werden ihm anvertraut und wieder von ihm ausgeschieden. Wie ein Sack ist er mit den Eingeweiden zusammengebunden. Dieser Magen weist hin auf die Fassungskraft der Welt. Jedes Ding der Welt füllt dieses sein Fassungsvermögen mit seinem Keimen und Wachsen auf und läßt es nach seinem Dahinschwinden gleichsam leer zurück. Auch der Mensch, der wie der Mond wächst und schwindet, ist so am Werke mit der Seele, die angefüllt ist mit allen Dingen der Welt. Und wie das Blut sich in den Adern befindet, sind alle Werke des Menschen in der Seele. Wird die Seele mit guten Taten seiner Sehnsucht entsprechend erfüllt, dann steigt sie auf in die ewige Wohnung, wo sie mit der Speise des Lebens gesättigt wird; wird sie mit schlechten Taten angefüllt, dann sinkt sie nieder in den stinkenden Schmutz höllischer Strafen. Gott, der dem Adam das Gebot gab, wollte, daß sich der Mensch dem Gebot verpflichtet fühle. Bei seiner Beachtung sammelt die Seele unter Freuden Werke des Heiles; unter Tränen jedoch wird sie in die Verbannung der Verlorenheit geschickt, wenn der Mensch der Lust seines Fleisches beistimmt, indem er das Gebot verläßt.

Wie aber der Magen, der die Speisen aufnimmt und abgibt, mit den Eingeweiden verbunden ist, so wirkt auch die Seele mit allen Geschöpfen im Menschen, indem sie entweder im Guten aufsteigt oder im Bösen absinkt. Und wie die Geschöpfe im Sommer blühen und grünen, im Winter dorren und welken, so blüht und grünt auch die Seele freudig in ihren guten Werken, im Tun des Bösen aber dörrt sie unter Trauern aus und vergeht.

Auch dem Magen ist es nicht gut, wenn er leer wäre, wie es auch für die Fassungskraft der Welt nicht nützlich wäre, wenn sie von der Vielfalt der Kreaturen entblößt würde. Jenes weltweite Fassungsvermögen ist nämlich die Verteilung der Kräfte in die Fruchtbarkeit der Erde. Es läßt diese in keiner Weise allein und leer zurück bei diesen notwendigen Vorgängen der Reifung. Wäre die Welt beschränkt und zusammengedrängt, so daß ihr die Weiträumigkeit fehlte, könnte sie die Fülle der Geschöpfe, die sie nun hat, nicht tragen.

Genausowenig würde es für den Menschen gut sein, wenn er nur eine einzige Erkenntnismöglichkeit haben würde, weil er dann gleichsam leer wäre, indem er dann weder ein Werk beginnen oder vollenden noch das Licht des Tages oder die Finsternis der Nacht unterscheiden könnte. Der Mensch aber ist gerade in seiner ganzen Existenz erfüllt von den beiden Möglichkeiten im Gewissen: Mit dem guten Wissen liebt er mit guten Taten Gott, den er fürchtet, während er mit dem Wissen ums Böse das Schlechte erkennt.

Die Seele bewohnt ihren Leib mit großer Sorgfalt, wie ein Familienvater in seinem Hause wohnt; immer ist sie in Sorge, ob es nicht am Guten fehle: Hat sie doch immerfort diese Sorge, daß der Mensch, wenn er in die Sünde fällt, die heilige Sehnsucht, die durch sie lebendig bleibt, verlieren könne. Wenn der Mensch aber einmal aus Überdruß über seine Sünden mit der Seele übereinstimmt, dann hält diese, an sich voller Freude, dem Menschen all seine Sünden in Bitterkeit vor und flößt ihm himmlische Sehnsucht, süßer als Honig und Honigwabe ein. So heiligt sie ihn wieder und führt ihn ins himmlische Reich. Und wie der Mensch zugrunde ginge, wenn sein Magen immerfort leer wäre, so könnte auch die Seele ohne diese beiden Kräfte ihres Gewissens niemals leben. Und wie die Welt verwelken müßte, wenn sie von guten wie schlechten Früchten leer wäre, so würde auch die Seele nur noch dürr und trocken dastehen, wenn sie der Taten entbehren müßte, welche der Mensch mit diesen beiden Wissensmöglichkeiten wirkt. Die Seele verteilt alles Menschliche mit großer Diskretion, indem sie es auf den rechten Weg ausrichtet; durch Gottes Güte, durch die sie göttlich ist, vertraut die Seele darauf, daß sie über die heiligen Werke, die sie mit dem Menschen wirkt, eine Wohnstätte für alle auf Erden verschaffe. Mit dem Wissen um das Gute, mit dem sie das Böse erkennt, beurteilt sie dieses als ungerecht, obwohl sie oftmals selber dieses Böse, vom Körper gezwungen, wirkt. Hätte sie dieses Wissen um das Gute und Böse nicht, so wäre sie wie ein Blasebalg, mit dem ein Schmied nicht mehr arbeitet. Und wie die Welt ohne die ganze Fülle der Fruchtbarkeit wäre, wenn sie nicht in der grünenden Lebenskraft keimen würde, so bliebe die Seele ohne die Ehre und die Glückseligkeit ihrer guten Werke, wenn sie nicht in der Vernunftkraft ihres Wissens um Gut und Böse blühen würde.

Das genannte Fassungsvermögen der Welt umspannt den ganzen Luftraum, der mit seinen Kräften die grünende Lebenskraft zur Erde entsendet und sie fruchtbar macht, der aber auch die Früchte, sobald sie reif geworden, durch den kalten Wind zum Welken bringt. Obwohl sie aber nach außen betrachtet die Erde durch diese Kälte verdorren läßt, hält sie sie im Innern fett und fruchtbar, auf daß sie im Sommer wieder keimen könne. Ebenso hat der Schöpfer des Alls, der die Erde zu einer Werkstätte gemacht hat, die Seele auf sich zu geschaffen, jene Seele, durch die der Mensch all seine Werke wirkt und die mit dem Menschen, der desselbigen Gottes Werk ist, auch bis an den Jüngsten Tag wirken wird, gleichwie die Heilige Gottheit unsichtbar ist und west. Nach dem Jüngsten Tag aber, wenn der Mensch ganz und gar geistiger Natur geworden sein wird, vermag er die Gottheit und alle Geister und alle Seelen vollkommen anzuschauen.

In diesem Kreislauf der Natur, mit dieser Ordnung der Zeit, auf der Heilsbahn seiner Geschichte kann der Mensch nun seinen Weg nehmen.

Und so existieren beide, Leib und Seele, trotz ihrer verschiedenen Naturen, dennoch als eine einzige Wirklichkeit. Dieses einheitliche Werk begreift man, wenn man sieht, wie die Seele ihrem leiblichen Organismus im Denkvorgang die Luft zuführt, bei jeder Konzentration die Wärme, mit der Stoffaufnahme das Feuer, ferner das Wasser bei der materiellen Einverleibung und die Grünkraft bei den Zeugungsvorgängen. Und so ist der Mensch von der ersten Bestimmung an zusammengesetzt: oben wie unten, außen wie innen, allüberall existiert er als Leiblichkeit. Und das ist das Wesen des Menschen. (LDO 807–887; WM 79–167)

Und so ist des Menschen Wesen:
Der Mensch ist Gestalt mit Leib und Seele,
und er existiert als das Werk Gottes
mitsamt aller Kreatur.
(PL 888)

Der Mensch ist das Werk Gottes. Denn Gott wollte Schönheit und Herrlichkeit nicht für sich allein haben: «Er wollte Seinen Glanz weiterschenken an Seine Geschöpfe, damit diese sich mitfreuten» (P 56). In der gleichen Weise sollte der Mensch sein Werk in der Welt tun, wie es Gott bei der Erschaffung tat. Immer wieder wird Gott ein gewaltiger Denker und ein aus der Tiefe wirkender Künstler genannt. «Gott verhält sich wie ein kunstfertiger Handwerker, der sein glühendes Werkstück unter dem Blasebalg erprobt, der es kehrt und wendet, bis es ganz vollkommen geworden» (P 174)

Das gesamte Weltgefüge in all seiner Schönheit und Pracht steht dem Menschen zur Verfügung. «Gott vollendet im Menschen das gute Werk, so wie ein Künstler seinem Werkstück die Edelsteine einfügt. Und so werden alle guten Werke im Menschen kraft der Gnade des Heiligen Geistes zu einem vollendeten Schmuckstück» (PL 995)

Erbe der Engel

In ihrer Kosmos-Schau hatte Hildegard das großartige Bild einer kosmischen Ordnung vorgestellt, in der Engel, Welt und Mensch noch eine Einheit bilden. Die Welt der Natur ist darin nichts als Klang, ein kreisendes Tönen und Raunen (sonus), Stimmung und Schall einer Kreatur, das Rauschen und die Stille einer Landschaft ebenso wie das Getöse und der

Tumult der Urgebirge. Die Welt der Engel ist vor Gott lauter Lob (laus), reiner Lobpreis, ein vor Gott stehendes, spiegelndes, jubelndes Sein. Die Welt des Menschen aber ist das Werk (opus): tätige Existenz im schaffenden, bildenden, formenden Sein, Geschöpf und Schöpfer zugleich, schöpferisches Tun, das sich verantwortungsvoll entscheidet. Damit übernimmt der Mensch durch sein Werk in der Welt das Erbe der Engel; in seinem schaffenden Wesen baut er eine Kultur über der Natur; mit seinem schöpferischen Wirken vollendet er – zwischen dem Rühmen der Engel und dem Raunen der Natur – die Welt.

Gott hat von Urbeginn an Engel und Mensch in einer Vernunft verbunden. Er hat bestimmt, daß der Engel Schutz den Menschen begleite. So tat Er es im Alten wie im Neuen Bunde. Mit weitaus größerer Liebe hat Er im Neuen Testament die Menschen mit dem Engel in eine Gemeinschaft gebracht. Denn im Alten Testament war der Engel dem Menschen lediglich wie eine Stimme, im Neuen Bunde aber ist er ihm so verbunden, wie die Stimme eingebunden ist dem Wort.

(LVM 25/26; MV 48)

Alle Schönheit in den Werken Seiner Allmacht zeichnete Gott im ersten Engel. Ihn schmückte Er gleich einem gestirnten Himmel aus: mit all den Sternen und der Schöne im Grünen und mit allem funkelnden Gestein. Und Er nannte ihn Luzifer, weil er aus Ihm, der allein ewig ist, sein Licht trug.
Denn Ich, der Ich in allen Enden der Welt zu Hause bin, Ich offenbarte Meine Werke in Ost und Süd und West. Den vierten Teil im Norden aber ließ Ich leer; weder Sonne noch Mond geben dort einen Schein. Deshalb ist an dieser Stelle, außerhalb des Weltgefüges, die Hölle, die weder oben ein Dach noch unten einen Grund hat. Dort ist die Stelle, wo lauter Finsternis herrscht, die gleichwohl im Dienst aller Leuchten Meines Ruhmes steht. Wie nämlich könnte sonst Lichtes

erkannt werden wenn nicht durch Dunkles? Und wie wüßte man um die Finsternisse wenn nicht durch den strahlenden Glanz Meiner lichten Diener? Wäre dies nicht so, dann wäre Meine Macht nicht vollkommen, dann könnten auch alle Meine wunderbaren Werke nicht erzählt werden.
So aber ist Meine Macht voll und vollendet, und in Meinen wunderbaren Werken ist kein Mangel. Wenn nun das Leuchten ohne Dunkel ist, wird es reines Licht genannt. Ein lebendiges Auge ist das Licht; die Blindheit aber west in Finsternissen. An diesen beiden Möglichkeiten insgesamt wird erkannt, ob es gut oder böse ist. Im Licht sieht man die Werke Gottes; im Dunkel erkennt man die Gottesferne, die das Licht nicht mehr berührt, wie dies bei allen jenen geschieht, die aus Hochmut diesem Anteil nicht mehr ihr Vertrauen schenken wollen.
Der unzählbare Schwarm von Funken, der im Urbeginn dem verlorenen Engel anhaftete, erstrahlt wider im Glanze seines vollen Schmuckes, um so die Welt mit Licht zu erhellen. Jener aber, da er doch spüren mußte, daß er mit seinem schönen Schmucke Gott allein zu dienen hatte, sonderte sich freiwillig von Seiner Liebe ab und neigte sich zum Dunkel hin, indem er bei sich zu sprechen anhub: «Was wär' das für ein herrlich Ding, wenn ich aus meinem eigenen Willen wirken könnte und Taten täte, die ich Gott allein nur machen sehe!» Ihm stimmte sein Anhang voll und ganz bei und rief aus: «Ja, wir wollen den Thron unseres Herrn nach Norden setzen und gegen den Allerhöchsten!» Und so beschlossen sie, auf immer Streit und Zwietracht mit den Dienern Gottes zu stiften. Ihr Herr sollte von solcher Gewalt und Herrlichkeit sein wie der Allerhöchste aller Wesen.
Alsbald aber entflammten die Augen der einigen Ewigkeit. Sie selbst brauste auf in gewaltigem Rauschen und stürzte mit

den Dienstscharen der Engel den ersten Übertreter samt seinem Anhang. Und Gottes Engel riefen laut in der Stimme dieses Brausens: «Was für eine maßlose Vermessenheit könnte sich Gott unserem Schöpfer gleichmachen, Ihm, der doch rein aus sich west! Weil du aber, der du nur aus Seinem Gebote dein Dasein hast, nun der Einbildung huldigst, Ihm gleichen zu können, rennst du in den Untergang!» Und alsogleich stürzte er mitsamt seinem Anhang in den Ort der Finsternisse: Wie ein Klumpen Blei stürzte er hintüber! Glaubte er doch ein Streiter wider Gott sein zu können, dessen Werke er in seiner Finsternis nicht leuchten sah!

Seitdem führt Gott selber einen offenkundigen Kampf gegen den gefallenen Engel. Er setzte nämlich Seine ganze Erwartung auf das Gewand der Menschwerdung, das Er von Anbeginn an in Seinem Vorherwissen trug. Das war der Punkt, an dem Satan, indem er vor Ihm floh, Gott nie voll und ganz verstehen konnte. Und so wird es bleiben, bis der Streit wider ihn zum End hin ausgefochten ist. Dann wird man den Satan im Verzweiflungsschmerz seiner völligen Verstörung erblikken, wenn er alsdann von demselben gerechten Richter am Ende der Zeiten völlig verwirrt werden wird.

In diesem Seinem Ratschluß, der im Ursprung ewig in Ihm wohnt, hat Gott angeordnet, wie Er Sein Werk nunmehr zur Vollendung bringe. Er bildete aus der befleckten Erde den Menschen. Er führte dies in der gleichen Weise aus, wie Er diese Gestalt des Menschen bereits vor der Zeit angeordnet hatte, so wie ja auch des Menschen Herz bereits die Vernunft in sich einschließt und jedes Wort schon geordnet hat, ehe es laut wird. So tat Gott in Seinem Wort, da Er alles erschuf. Weste doch im Vater verborgen das Wort, der Sohn nämlich, wie auch im Menschen verborgen das Herz ruht...

(LDO 812/813; WM 84/85)

Wenn dann schließlich die Seele am Jüngsten Tag ihr geliebtes Kleid, das Gewand des Leibes, zurückerhalten hat, dann wird sie mit den Engeln Gottes Herrlichkeit von Angesicht zu Angesicht vollkommen erschauen. Was danach aber geschehen wird, davon werden aufs neue die Engel zu Lobgesängen entflammt, so wie sie auch am ersten Schöpfungstage bereits durch den Sieg ihres Streites erleuchtet wurden. Denn nach dem Jüngsten Tag werden auch die Engel im Lobpreis Gottes erst vollendet. Sie werden ihr Loblied auf die neuen Wundertaten Gottes, auf den Menschen nämlich, anstimmen. Von nun an werden sie die Zither schlagen, Klang der herrlichsten Freuden, und nicht müde werden, nie mehr nachlassen, nimmer ein Ende dabei finden. Und wie sie verlangen, ohne Unterlaß Gottes Angesicht immerdar zu schauen, so werden sie auch nimmer aufhören, zu staunen über die Werke Gottes im Menschen. Der Mensch ist ja ein Wesen mit Leib und Seele; er ist da als das Werk Gottes mit aller Kreatur.

(LDO 888; WM 168)

Von der Verantwortung des Menschen

Im «Buch der Lebensverdienste» schaut Hildegard die Gestalt des Mannes über der Welt, Sinnbild von Gottes Schöpferkraft, Hinweis aber auch auf des Menschen Verantwortlichkeit für diese Welt. Ohne den konkreten Auftrag, in der Welt bis zum Ende der Welt zu wirken, ohne dieses «opus cum creatura», bliebe das Universum ein Chaos, eine «materia turbulenta». Mit seinem Opus aber schafft der Mensch lebenslang mit an der «symphonia vitae laetae», der Harmonie eines Lebens in Freude.

Für diese lebenslange Entscheidung im «opus cum creatura» zeugt nun auch das dramatische Kampfspiel der Tugenden und Laster, das uns die Seherin – nach dem spätantiken Muster der «Psychomachia» – in 72 lebendigen Bildern vor Augen stellt. Wir beschränken uns hier auf die erste

Gestalt, «Die Liebe zur Welt», der dann «Die himmlische Liebe» ihre Antwort gibt. Auch die übrigen Tugenden und Laster zeigen sehr deutlich, daß der Mensch ständig in einer konkreten Entscheidung steht, daß er sich in dieser Welt immer wieder neu verantwortlich zu bewähren hat.

Ich sah einen Mann von gewaltiger Größe. Er reichte von der obersten Höhe der Himmelswolken bis tief hinunter in die Abgründe. So stand er da: Von den Schultern an aufwärts ragte er über die Wolken hinaus in den strahlendsten Äther. Von den Schultern abwärts bis hin zu seinen Hüften umschwebte ihn eine blendendweiße Wolke. Von den Hüften bis zu den Knien umspielte ihn die irdische Luft. Von den Knien bis zu seinen Waden befand er sich in der Region der Erde. Seine Füße schließlich tauchten in die Wasser des Abgrundes, jedoch so, daß er dabei noch über dem Abgrund schwebte.

So stand er da: dem Osten zugewandt und schaute nach Osten und Süden. Sein Antlitz aber strahlte von solcher Herrlichkeit, daß ich es nicht voll und ganz anzuschauen vermochte. Vor seinem Munde ballte sich eine blendendweiße Wolke zu einer Art Posaune zusammen; sie war erfüllt vom Klang einer rasch aufbrausenden Musik. Jedesmal, wenn dieser Mann dort hineinblies, sandte sie drei Winde aus: Der eine trug eine Feuerwolke über sich, der andere eine Sturmwolke, der dritte eine Lichtwolke. Der Wind mit der Feuerwolke blieb vor dem Angesicht des Mannes stehen. Die beiden andern senkten sich mit ihrer Wolke bis zu seiner Brust hinab und wallten dort in die Breite. Der Wind mit seiner Wolke vor dem Angesicht des Mannes aber breitete sich vom Osten zum Süden hin aus.

In dieser Feuerwolke befand sich eine große Schar feuriger Lebewesen. Sie alle bildeten in der Einmütigkeit ihres Willens und in ihrer inneren Verbundenheit ein einziges Leben. Vor

ihnen breitete sich eine Tafel aus, über und über besetzt mit Federn, die nach Gottes Vorschrift ihren Flug nahm, so wie Gottes Geheiß sie trug. Manches Verborgene hatte das Wissen Gottes daraufgeschrieben. Die ganze Schar blickte in einhelliger Begeisterung auf diese Tafel. Wie sie nur auf diese Inschrift schauten, erfaßte sie alle die Kraft Gottes, so daß sie wie in einem einzigen mächtigen Posaunenstoß jegliche Art von Wohlklang ertönen ließen.
Der Wind, der die Sturmwolke trug, führte sie vom Süden bis zum Westen und zog sie in ihrer ganzen Länge und Breite wie eine Straße hin, die solche Ausdehnung annahm, daß menschlicher Verstand sie nicht zu begreifen vermochte. In dieser Wolke befand sich eine riesige Schar von Seligen, die alle den Geist des Lebens trugen und die niemand zählen konnte. Ihre Stimmen erklangen wie das Rauschen vieler Wasser. Und sie sprachen: «Wir haben unsere Wohnungen, wie es dem Urheber dieses Windes gefällt. Wann aber werden wir sie wirklich in Besitz nehmen?»
Die erwähnte Schar aber, die sich in der Feuerwolke aufhielt, antwortete ihnen in lobsingendem Chore: «Wenn die Gottheit ihre Posaune berührt, dann wird sie Blitz, Donner und flammendes Feuer über die Erde entsenden. Sie wird sogar jenes Feuer anrühren, das im Kern der Sonne glutet, so daß die ganze Welt ins Wanken kommt. Dann wird der Augenblick da sein, in dem Gott Seine großen Zeichen offenbar machen will. Und dann wird Er mit dem Schall jener Posaune alle Stämme aller Zungen der Erde rufen, alle die nämlich, die in dieser Posaune eingeschrieben sind. Dann aber werdet ihr endgültig eure Wohnungen beziehen.»
Der Wind, der die Lichtwolke trug, zog diese mit sich hin vom Osten bis zum Norden. Vom Westen her aber stieg nun eine dichte, greuliche Finsternis herauf und stellte sich in

wachsender Ausdehnung der lichten Wolke entgegen. Gleichwohl mußte sie vor dieser Lichtwolke haltmachen. Inmitten dieser lichten Wolke erschienen Sonne und Mond. In der Sonne stand ein Löwe, im Mond ein Steinbock. Die Sonne erstrahlte über den Himmeln und im Himmelsgewölbe, auf der Erde und unter dem Erdball, und so kam sie hervor in ihrem Aufgange und neigte sich wieder in ihrem Niedergang. Mit der aufgehenden Sonne wuchs auch der Löwe in ihr und riß gewaltige Beute an sich. Bei ihrem Niedergange zog sich auch der Löwe zurück, wobei er vor Freude ein gewaltiges Brüllen ausstieß. Der Mond aber, und mit ihm der Steinbock, folgte den Bewegungen der Sonne im Aufstieg wie im Niedergange nach. Dabei gab der Wind ein Brausen von sich, das besagen sollte: «Das Weib wird Frucht gebären, und der Steinbock wird ankämpfen wider den Norden.»

Inmitten der erwähnten Finsternisse aber befand sich eine ungezählte Schar verlorener Seelen, die sich von dem Lobgesang des Chores im Süden abgewandt hatten, da sie keine Gemeinschaft mit ihnen haben wollten. Ihr Führer trug den Namen «Verführer». Denn demjenigen sind sie gefolgt, der von Christus weggestoßen wurde und der nun nichts mehr vermag. Sie alle schrien in einem fürchterlichen Geheule: «Weh und abermals wehe dem entsetzlich verderblichen Werke, welches das Leben floh und in uns dem Tode zusteuert!»

Alsdann sah ich vom Norden her noch eine Wolke nahen, die sich gegen diese Finsternisse ausdehnte. Sie war aller Freude leer und aller Seligkeit bar. Denn die Sonne hatte sie nie berührt und sich ihr nicht einmal gezeigt. Voll war sie von bösen Geistern, die darin hin und her wogten und gegen die Menschen lauter Bosheiten im Schilde führten. Doch vor dem Manne mußten sie erröten. Und ich hörte, wie die alte

Schlange zu sich selber sprach: «Alle Kraft meines Vermögens will ich zum Endkampf einsetzen, und ich will losschlagen wider meine Feinde, so sehr ich vermag.» Sogleich stieß sie voll Gift und Geifer alle Laster unter die Menschen aus. Sie zischte sie höhnisch an und sprach: «Ha, ha! Sonnen nennen sie sich ihrer leuchtenden Taten wegen. Ich aber will sie zu Schadenstiftern und Finsterlingen machen; ich mache sie alle zu Ungeheuern der Nacht!» Und sie stieß entsetzliche Nebelschwaden aus sich heraus, welche die ganze Erde wie mit tiefschwarzem Rauche bedeckten, aus dem ein fürchterliches Gebrüll ertönte. Und sie schrie: «Kein Mensch soll einen anderen Gott anbeten als den, den er sieht und kennt. Was hätte das auch für einen Sinn, daß der Mensch etwas verehrte, was er nicht einmal versteht!»
In diesem Nebel erblickte ich nun eine Reihe verschiedenartiger Laster in sinnbildlicher Gestalt. Unter ihnen konnte ich im einzelnen folgende sieben Erscheinungen erkennen.

Die erste Gestalt sah aus wie ein Mensch, war aber schwarz wie ein Mohr. Ganz nackt stand sie da. Mit ihren Armen und Beinen hielt sie unterhalb seines Astwerks einen Baum umschlungen, aus dem die schönsten Blüten hervorsproßten. Mit ihren Händen griff sie hastig hinein in die Blüten, ratschte sie herunter und sprach: «Alle Reiche der Welt, ich halte sie fest mitsamt ihrer blühenden Pracht! Warum auch sollte ich dahinwelken, wo ich doch vor grünender Lebenskraft (viriditas) strotze? Sollte ich mich vielleicht hinschleppen wie ein Greis, da ich doch noch in voller Jugendfrische blühe? Schamrot müßte ich werden, wenn ich mich so verhalten würde! Solang ich noch dieser Welt Schönheit genießen kann, will ich sie mit Wonne umfangen. Ein anderes Leben kenne ich nicht, und fremd sind mir die Märchen, die ich davon höre.»

Kaum hatte die Gestalt zu sprechen aufgehört, da verdorrte der Baum bis auf die Wurzeln. Er stürzte in die obenerwähnten Finsternisse und riß die Erscheinung mit sich fort in die Tiefe.

Da hörte ich aus der Sturmwolke eine Stimme erschallen, die nunmehr dieser Gestalt folgende Antwort gab: «Du bist wohl ganz verrückt, wenn du glaubst, in einem einzigen Fünklein Asche schon das volle Leben besitzen zu können! Du jedenfalls suchst nicht das wahre Leben, das in seiner Jugendschöne nimmermehr welkt und das seine Lebendigkeit selbst im Altern nicht erschöpft. Dir fehlt aber auch jede Spur von Licht! In die finsterste Nacht stolperst du, und in die Lüste der Menschen wühlst du dich ein wie ein Wurm. Von Augenblick zu Augenblick lebst du so einfach dahin, um dann schließlich wie dürres Heu zu verdorren. Und so stürzest du dich in den See des Verderbens. Dort wirst du enden mit alledem, was du ins Herz schließen möchtest und was du blühendes Leben nanntest, da du noch aufrecht standest. – Ich aber, ich bin eine Säule himmlischer Harmonie, und allen wahren Freuden des Lebens gehe ich nach. Das wahre Leben, das habe ich nie verschmäht. Aber alles, was dem Leben schadet, das zermalme ich, so wie ich auch für dich nichts übrighabe als Verachtung. Ich bin allen Tugenden ein Spiegel, in dem jeder Gläubige sich wiederfindet. Du aber rennst dahin auf Pfaden der Nacht, und deiner Hände Werk schafft nichts als Ohnmacht.»

(LVM 8–11; MV 28–31)

Lebendige Gemeinschaft

Hildegard von Bingen geht es in ihrer Weltschau nicht nur um die Mysterien der Schöpfung und das Drama der Endzeit, sondern immer auch um den Kairos der Gegenwart, dem sich der Mensch in der alltäglichen Entscheidung seines Hier und Jetzt zu stellen hat. Das, was sie sagt, zielt nicht auf privates Heil oder persönliches Glück, sondern auf Recht und Gerechtigkeit im Ganzen, auf das Wohl einer Gemeinde, auf das Reich des Geistes. Nirgendwo ist ein statisches Weltbild zu finden, ein für allemal determiniert, vielmehr immer nur eine unerhört vielschichtige Schöpfung in stetig drängender Weiterentwicklung zur Reife.

Und so bleiben Gottes Werke, die Er im Menschen gewirkt hat, immerdar im unerschöpflichen Leben. Dies bezeugen jene Worte des Propheten Ezechiel, wo er von den vier lebenden Wesen kündet: «Vorn ein Menschengesicht und ein Löwengesicht zur Rechten hatte jedes von den vieren, ein Stiergesicht zur Linken jedes von den vieren, und ein Adlersgesicht jedes von den vieren» (Ez 1,10).
Diese Stelle will folgendermaßen verstanden sein: Das Werk des Wirkens Gottes ist der Mensch. Dieses Werk stammt von Gott. Das «Antlitz des Menschen» spiegelt die Güte, durch die der Mensch erst seine lebendige Empfindsamkeit hat. Das «Gesicht des Löwen» meint die Kraft Gottes, in welcher Er dem Menschen die Vernunft schenkte. Diese steht zur Rechten, weil die Güte und die Kraft Gottes im Erfassen der Größe der guten Werke gleichsam die Flügel sind, die den göttlichen Hauch kundtun. Das «Gesicht des Stieres» deutet hin auf das Opfer, das Gott selber ist. Es zeigt an, wie der Mensch sich zu Gott hin heiligen soll. Zur Linken steht es, weil im Opfern noch ein Mangel ist, da hierbei das eine zwar gegeben, dafür aber anderes zurückgehalten wird. So hat auch derjenige, der seinen Willen Gott darbietet, teilweise Himmlisches, teils

aber auch noch Irdisches im Sinn. Doch im Opfer zieht Gott den Menschen an sich und gibt ihm ein, sich Gott ganz und gar als Opfergabe anzubieten. Das «Antlitz des Adlers» schließlich bedeutet das Wissen um Gott, der dem Menschen das Erkennen gibt und damit die Einsicht ermöglicht, Ihm zu gefallen, was über alle Tugend geht. Dies aber wirkt im Menschen als eine gewaltige Macht: Er gibt ihm das Leben, und solches Leben hört nimmer auf. Überallhin atmet es, und alles ringsum erschaut es, und es erscheint im Menschen wie die Sterne am Firmament.

Wie groß auch immer das Wissen im Menschen ist, kein Mensch könnte die Werke Gottes zählen. Niemand auch könnte diejenigen nennen, die das Himmelreich besitzen werden. Denn wie Seine Wundertaten unzählbar sind, so sind auch jene nicht zu zählen, die durch dieses wundervolle Wirken die himmlische Heimat erlangen.

(LVM 16/17; MV 38/39)

Und so ist der Mensch das Werk Gottes mit Leib und im Geiste. Als ein gewaltiger Künstler hat Gott Hand an dieses Werk gelegt, und Er bleibt mit ihm immerfort am Werke, da Er mit dem Menschen Seine Schöpfung zu Ende führen will. Als ein großer Künstler springt Gott selbst mit der Kraft des Satans schöpferisch um, wie ein Schmied, der selbst alles Nutzlose in seiner Werkstätte noch in einen anderen Zustand versetzt und der seine Hand mit Zornesgewalt ausstreckt, so wie Gott es damals tat, als Er den Satan bei seiner verkehrten Leidenschaft in den Abgrund stürzte, um dann an seine Stelle den leibgebundenen Menschen zu setzen. (PL 257)

DRITTER TEIL

HEILUNG UND HEIL

URSTAND IM GRÜNEN

O du grünende Lebenskraft aus Gottes Hand,
mit der Gott Seine Pflanzung gesetzt hat –,
sie leuchtet auf in strahlender Höhe –!
(Carmina, 29)

Mit dem Aufbau des Kosmos und der Ausgliederung der leiblichen Gestalt des Menschen wird in einem dritten und letzten Aspekt das Schicksal der Heilsgeschichte verbunden. In großartigen Visionen und mit einer kunstvoll in sich geschlossenen Dramaturgie vollzieht sich der Weg der Heiligung, die Geschichte des Heils. Auch hier sind es drei gewaltige Dimensionen, die durchschritten und erfahren werden: zunächst des Menschen Urstand, seine ursprüngliche Verfassung (homo constitutus), sodann der Verfall und jener Notstand des Menschen (homo destitutus), der über die Heilsgeschichte zurückgeführt wird in eine alle natürlichen Maßstäbe überschreitende Beseligung (homo restitutus).

Die Schöpfung im Ursprung

O edelstes Grün,
du wurzelst in der Sonne,
strahlst auf in leuchtender Helle
in einem Kreislauf,
den kein irdisches Sinnen begreift:
Du bist umfangen
von den Umarmungen der Geheimnisse Gottes.
Du schimmerst auf wie Morgenrot,
du glühst in der Sonne Flammen!
(Carmina, 39)

Für die Geheimnisse der ursprünglichen Schöpfung von Welt und Mensch kennt die heilkundige Klosterfrau Hildegardis ein besonders herzhaftes Schlüsselwort, das die grünende Lebensfrische aller natürlichen Dinge gleicherweise umfaßt wie die Genesungsprozesse im biologischen Organismus und auch alle geistige Vitalität und seelische Gesundheit. Es ist jene «viriditas», deren Lebensgrüne am sonnigen Morgen die Heilkräuter so gierig saugen wie ein Lamm seine Milch. Eingeborgen ist solche naturhafte Grünkraft «in Tieren und Fischen und Vögeln, in allen Kräutern und Blumen und Bäumen». Denn es gibt auf der ganzen Welt kein Geschöpf, «das nicht aus Gottes lichter Herrlichkeit seine innere Strahlung besäße, sei es als Grün oder als Same, als Blüte oder rein nur im Glanz seiner Schönheit».

Dieses Grün entstammt den Elementen der Welt: Es lebt in der Flamme, schillert in den Gewächsen, feuchtet im Stein, weht in der Luft. Grün ist gezeugtes Licht, das alle Natur zu goldener Reife kocht.

Der Mensch in seiner ursprünglichen Verfassung war gesund und stark, ganz und gar leuchtend, in einem «lumen corporis», das uns jetzt nur noch im Auge begegnet und das im Sehen mit dem Licht korrespondiert. Der Mensch lebte, ohne krank zu sein; er war mit der Prophetengabe versehen und unabhängig von Speise und Schlaf. Leib und Seele bildeten eine einzige Wirklichkeit, als «unum opus». In diesem seinem Urstand, dem ursprünglichen physiologischen Wohlstand, erhob sich der Mensch aus der kreatürlichen Erde, in seiner vollen Lebensgrüne und zu vollkommener Gestalt, der «plena statura hominis». Die ganze Natur stand ihm zu Diensten; alle Welt lag in seiner Verfügung.

Mit seiner biologischen Ausstattung und in seiner personalen Verfassung war der Mensch in der Lage, das Gespräch mit der Welt zu führen. «Und so dienten alle Elemente ihm freiwillig, weil sie spürten, daß er Leben hatte. Sie kamen seinen Unternehmungen entgegen und wirkten mit ihm wie er mit ihnen. Bei diesem gegenseitigen Bund gab die Erde ihre grünende Lebensfrische, je nach Art und Natur des Menschen wie auch entsprechend seiner Denkweise und seinem Lebenswandel» (Ph 1125; Nk 15). Gott hatte ja Sein gesamtes Heilswerk bereits in die leibliche Gestalt des Menschen, der über die Welt zum Grünen und zur Reife kommen sollte, eingezeichnet.

Das Grün mit seinem schöpferischen Vermögen ist nur ein Spiegel für die lebensfrische Grundkraft der Ewigkeit. Als «viriditas» war diese Kraft mächtig in Abraham: Er war der Vater aller Potenz. Als grünende Kraft hat dieses Vermögen dem Schoße der Jungfrau eingewohnt. Aus der natürlichen Ordnung schwingt sich dieses lichte Spektrum in wachsender Dichte in das Feuer des ewigen Lebens, aus dessen grünen Mysterien es niederträufelt in die Keimkräfte des Kosmos, in die Grünkraft der Generationen, in die «milde Grüne» der Menschwerdung des Gottessohnes. So heißt denn auch Maria die «virgo viridissima». So schwitzt der Heilige Geist aus seiner «viriditas» unerschöpfliches geistliches Leben aus. Und so ist das Werk des Vaters im Worte des Sohnes nichts als die lichtgrüne Herzkraft des Geistes: «opus verbi viriditas». Alles Können und jedes Gewissen trägt die grüne Farbe und nicht zuletzt die Vernunft, die ihre grünende Antwort gibt: «Der lebendige Geist geht aus, wird grünender Leib und bringt seine Frucht –: Das ist das Leben!»

O strahlendheller Edelstein,
der Sonne lichter Glanz,
es strömt in dich ein
der Springquell aus des Vaters Herz,
sein einzig Wort,
durch das den Urschoß aller Welt er schuf,
den Eva hat erschüttert.
Dies Wort hat, Vater, dir den Menschen zubereitet.
Darum bist du der lichte Schoß,
aus dem dies Wort die Kräfte all verströmt,
wie aus dem Urschoß führte es ins Sein
die ganze Kreatur.
(Carmina, 5)

Leben in der Engel Ordnung

Ruhmreiche Engel, Leben aus Licht,
im Abgrund der Gottheit erschaut ihr
die göttlichen Augen,
mitten im mystischen Dunkel der Schöpfung

glühend vor Sehnsucht,
und könnte euch nimmer daran ersättigen.
O was für Freude und Glanz birgt eure Natur,
die unberührt blieb von sündigem Werk,
so wie sie im Anfang auch stand in eurem Gefährten,
dem Engel, der fiel,
da zu fliegen er dachte
über die innen verborgenen Zinnen der Gottheit,
als qualvoll er stürzte hinab in den Abgrund.
(Carmina, 20)

Noch einmal erscheint der Mann Gottes, der «Vir Deus», der sich mit den Weltgegenden dreht und hoheitsvoll in das All schaut. Vor dem Angesicht des Mannes bläst der Wind eine feurige Wolke, in der die seligen Engel erscheinen. Gott hatte ja den Menschen so licht und so leuchtend geschaffen, daß er den Gesang der Engel, das «carmen angelicum», vernehmen konnte. «Das alles verlor der Mensch mit der Übertretung der göttlichen Satzung, weshalb auch mit ihm die Elemente ins Verkehrte umgewandelt wurden. Gleichwohl behielten sie einen Schimmer des Glanzes in sich, weil die Sünde des Menschen die Natur nicht ganz verkehren konnte. Deshalb versteht der Mensch Gott, und er führt Ihn in das Innerste seines Herzens zurück, wohl bewußt, daß er keinem anderen als Gott, der die Welt schuf, seine Existenz verdankt.» So lebt der Mensch noch in der Engel Ordnung. Die Engel aber blicken unverwandt, als Spiegelwesen vor Gott gebannt, auf die Gestalt des Menschensohnes, auf das Wort, das Fleisch geworden.

Gott hat die Engel und den Menschen zu einer einzigen vernünftigen Wirklichkeit verbunden. Er hat der Engel Schutzmacht dem Menschen beigesellt, und so tat Er es im Alten wie im Neuen Testamente, obschon Er mit größerer Zuneigung im Neuen denn im Alten Bunde beide einander zugeordnet hat. Denn im Alten Bunde war der Engel gleichsam die Stimme, die an den Menschen erging; im Neuen Testament hin-

gegen wurde er derart mit dem Menschen verbunden, wie die Stimme eins wird mit dem Wort.
In der Feuerwolke befindet sich daher eine große Schar von feurigen Lebewesen, die alle insgesamt in der Einheit des Wollens und in ihrer einzigartigen Verbundenheit ein einziges Leben darstellen. Das bedeutet, daß ein lebendiges, lichtsprühendes Heer seliger Geister in lohender Herrlichkeit und lebendiger Ehre aufflammt. Ihre Glorie ist unaussprechlich, ihre Zahl ohne Zahl. Niemand kann sie kennen, da nur Gottes Wissen davon weiß. Alles, was Gott will, das wollen auch sie, und so sind sie so innig miteinander verbunden wie der Leib, der nicht geteilt werden kann. Und wenn auch alle einzeln ihr eigenes Antlitz tragen, so sind sie doch eins in ihrer Verbundenheit, wie auch der Leib zwar einzelne Glieder besitzt, dennoch aber eine Leiblichkeit bleibt. Genau so sind die Engel ein einziges Leben in einmütiger Gesinnung.
Vor dieser feurigen Schar sieht man nun eine Tafel ausgebreitet, rundum besetzt mit Federn, die nach Gottes Geboten ihren Flug nimmt, wenn Gottes Befehl sie emporträgt. Hier ist das Geheimnis zu finden, das die Fülle der göttlichen Entscheidungen in sich birgt. Es wird nach Gottes Willen vorgestellt, soweit Gottes Wollen es offenbaren möchte. Auf diese Tafel nämlich schrieb das Wissen Gottes manches Geheime auf, das die Engel nun in einmütiger Begeisterung anschauen...
Beim Anblick dessen, was auf dieser Tafel geschrieben steht, erfaßt die Engel die Kraft Gottes so sehr, daß sie wie in einem einzigen mächtigen Posaunenstoß jeder Art von Musik, wie mit einer Stimme, laut ertönen lassen. Indem sie sich nämlich in Gottes Wunsch versenken, empfangen sie aus Gottes Kraft die Fähigkeit, einmütig in der Macht und Fülle aller Freuden Gottes Lob zu verkünden. Denn mit jeder Entscheidung

Gottes bringen sie nichts anderes zum Ausdruck als Gottes Lob. Alle Seine Entscheidungen sind ja wahr und gerecht, wie dies Johannes in der Geheimen Offenbarung vernommen hat, wo geschrieben steht:
«Herr, allmächtiger Gott –: Wahrhaft und gerecht sind Deine Entscheidungen» (Apok 16,7). Diese Stelle bedeutet: O Herr, der da genannt wird «Herr» wegen der Furcht, «Gott» aber der Liebe wegen und «Allmächtiger» um der alles umfassenden Gewalt willen –: Wahrhaft und gerecht sind Deine Entscheidungen, weil die wahre Furcht alles Fürchten vor Dir austreibt, und weil die wahre Liebe zu Dir alles Lieben in seinen Bann zieht, und weil Deine Macht in Wahrheit alle Gewalten niederhält...
Die Schar der Engel aber lobt der Menschen gute Werke, und sie läßt wegen dieser Werke keine Stunde und nicht einen Augenblick vom Lobpreisen ab, tönt vielmehr unaufhörlich in diesem Rühmen und findet kein Ende darin. Denn Gott will von den Engeln gepriesen werden, damit ihre Ehre sich mehre. So gefällt es Ihm. Und so will Er auch, daß die Werke der Heiligen im Lobpreis der Engel Ihm dargebracht und vorgezeigt werden. Ist doch der Mensch ein Werk nach dem Bilde und Gleichnis Gottes (opus Dei). Darum sollen seine guten Werke vor Ihm von den Engeln gepriesen werden. Weil aber der Mensch durch Gottes Hilfe allein Bestand hat, will Gott, wie von den Engeln, so auch von den Menschen gepriesen werden, damit auch ihr Ruhm sich mehre.
So hat Gott alles wohl geordnet. Dieses alles aber ist von Gottes Geheimnistiefe, die vor Seinem Antlitz erstrahlt, gesagt, daß sie nämlich für des Menschen Wissen unergründlich sei, und zwar in den Engeln, den Geistern, den Dienern, in all den Herolden und in jenen, die vor Freude jauchzen. Unbekannt bleibt ihrem Wissen, was und wie sie sind und welche Natur

sie haben. Und wie sehr der Mensch auch auf seiner Wissenschaft begründet steht wie ein Berg, da er sich in der Nachahmung Gottes zur Höhe erhebt, so schaut gleichwohl kein Mensch jenes erhabene Gebirge und zumal nicht den Scheitel des Berges, in dem Gottes Wissen ruht. Er kann den Gipfel nicht ersteigen und wird weder Seine Geheimnisse kennen noch das Geheimnis derer, die immerfort vor Seinem Angesicht stehen. Einige von denen, die vor Gottes Antlitz ständig dienen, wurden durch die Propheten und andere Heilige, die sie im Heiligen Geiste erblickten, mit Namen genannt. Andere aber wurden nicht genannt. Auch ist nur wenig darüber gesagt, wie Gottes Eingebung sie berührte, so wie über den Apostel Paulus geschrieben steht:
«Ich hörte geheime Worte, die kein Mensch aussprechen darf» (1 Kor 12,4). Das soll heißen: Sein Herz sollte durch die einströmende Fülle gewaltiger und wunderbarer Dinge gestärkt werden, damit er so auch den anderen die Erbauung der Tugenden vermittle. Deshalb empfing er geheime, die Zukunft enthüllende Worte, die sonst den Menschen verborgen sind. Sie wissen ja nicht, durch wen und von wem und woher sie kommen könnten noch welcher Art sie wären und welche Natur sie hätten. Wie nämlich die Gottheit von Menschen einfach nicht geschaut werden kann, so sind auch diese Worte nicht im Wortlaut noch im Klang der Geheimnisse Gottes überliefert. Daher darf kein Mensch sie weitergeben, da sie ganz und gar im Geheimnis der Geheimnisse des Geistigen liegen und weil der Mensch im Fleische diesem Geiste so fremd ist... (LVM 25–28; MV 48–51)

Gott ist ja das hellste Licht, das in keiner Weise gelöscht werden kann, so daß auch die ganze Engelschar nur von Ihm aus erstrahlt. Der Engel ist lauter Lob ohne das Werk des Leibes;

der Mensch aber ist Lob mit dem Werke des Fleisches, und seine Taten rühmen die Engel. In ihrem Lob, mit dem sie Gott preisen, anerkennen sie die heiligen Werke der Menschen und betrachten sie als einen Spiegel des Ruhmes, da Gott den Menschen so wunderbar aus Seele und Leib gebildet hat. Und so ermangelt der Mensch nicht der Herrlichkeit der Engel, weil er in ihrer Gemeinschaft lebt. Denn Gott hat es so angeordnet, daß die Gottheit und die Menschheit in dem Einen Gott glorreich gepriesen werde. (LDO 1016; WM 296)

EINER DES ANDEREN WERK

Als das auserlesene Geschöpf Gottes (opus Dei) und mit seinem Auftrag an der Welt (opus cum creatura) lebt und wirkt der Mensch niemals für sich allein, sondern immer in Gemeinschaft mit anderen. Es ist – strenggenommen – gar nicht möglich, daß «der Mensch» wie ein Wesen für sich behandelt wird; immer ist das konkrete, jeweilig unverwechselbare, einzelne Geschöpf gemeint; der Mensch ist in Anspruch genommen und damit verantwortlich. Es ist ohne Frage von fundamentaler anthropologischer Bedeutsamkeit, wenn Hildegard sagt: Der Mensch ist an die Erde gekettet, damit er sich nicht in luziferischer Hybris über das Irdische erhebe. In seiner Geschöpflichkeit wird der Mensch aber auch niemals nur als «der Mensch» beschrieben, sondern immer ganz konkret als «der Mann da» und «die Frau dort». Sein Personsein ist nicht abstrakt faßbar; es ist ein eminent existentielles «opus alterum per alterum»: Einer verwirklicht sich am andern.

Als Gott dem Menschen ins Angesicht schaute, gefiel er Ihm sehr gut. Hatte Er ihn doch nach der Gewandung Seines Bildnisses und auf Verähnlichung mit sich hin erschaffen! Der Mensch sollte mit dem Instrument seiner vernünftigen Stimme alle Wunderwerke Gottes verkündigen: Denn der Mensch ist das volle Werk Gottes. Gott wird vom Menschen erkannt, und um des Menschen willen hat Gott alle Geschöpfe erschaffen. Ihm hat er gestattet, im Kuß der wahren Liebe durch seine Geistigkeit Gott zu preisen und zu loben.
Doch fehlte dem Menschen noch eine Hilfe, die ihm gleichkäme. So gab Gott ihm eine Gehilfin in der Gestalt des Weibes, gleichsam einer Spiegelgestalt, in der das ganze Menschengeschlecht latent vorhanden war. Dies tat Gott in Seiner

mannhaften Schöpfungskraft, so wie Er auch den ersten Mann in Seiner gewaltigen Kraft hervorgebracht hatte. Mann und Frau sind auf eine solche Weise miteinander vermischt, daß einer das Werk des anderen ist (opus alterum per alterum). Ohne die Frau könnte der Mann nicht Mann heißen; ohne Mann könnte die Frau nicht Frau genannt werden. So ist nun die Frau das Werk des Mannes, der Mann ist ein Anblick voller Trost für die Frau, und keiner vermöchte es, hinfort ohne den anderen zu existieren. Der Mann ist dabei ein Hinweis auf die Gottheit, die Frau auf die Menschheit des Sohnes Gottes. Und so sitzt der Mensch auf dem Richterstuhle der Welt. Er beherrscht die gesamte Schöpfung. Jedwede Kreatur steht unter seiner Zucht und in seinem Dienst. Er, der Mensch, ist nämlich mehr als alle Geschöpfe.

Hierüber spricht David unter Meiner Eingebung folgendes: «Es sprach der Herr zu Meinem Herrn: Setze Dich zu Meiner Rechten, damit ich Deine Feinde zum Schemel Deiner Füße lege» (Ps 109). Das ist so zu verstehen: Auch der Mensch soll sprechen: Er, der Herr und Vater aller, sprach zu Seinem Sohn, dem Fleischgewordenen, dem vom Vater alle Macht im Himmel und auf Erden gegeben war, der doch mein Herr sein soll, wo ich nur ein sündiger Mensch bin: «Herrschend sitzest Du zu Meiner Rechten», herrschend über den Menschen, der da ist Meine rechte Hand, weil Ich alle Kreatur ihm unterwarf. Diesen Menschen sollst Du dem Glauben unterwerfen, damit er seine Götzen verlasse und sich zu seinem Schöpfer wende, dem wahren Gott. Das wirst Du tun, wenn Ich die Rebellen niederschlage, die in ihrem Unglauben Deine Feinde sind, als Schemel Deiner Spur; sie habe Ich Dir seit jeher untertan gemacht. So will Ich auch, daß sie die Spur Deiner Füße anbeten. Wenn sie nämlich von ihrem Unglauben bekehrt sind, erkennen sie Dich als den wahren Gott.

Auf diese Weise hat Gott durch Sein Wort alle Geschöpfe ans Licht gebracht. Das gleiche Wort zog das Fleisch im Menschen an. Es ist die Rechte Gottes, weil Es seinem Wesen nach die Zusammenfassung Seiner ganzen Macht ist. Dieses Wort, des Vaters Sohn, hat Seinen Herrschersitz über die Menschen aufgeschlagen. Und dies wird so lange dauern, bis die Zahl seiner Brüder aufgefüllt sein wird. Das aber wird geschehen am Jüngsten Tage. Dann wird die satanische Schar mit ihrem Anhang gleichsam als Schemel Ihm unterworfen. Dieser Schemel ist das Bild des Zustandes nach dem Ende der Zeiten in der Welt. Dann wird erkannt und geschaut, was und wer der Herr ist. Satan selbst wird als Schemel zertrümmert und ganz und gar vernichtet werden.

Gott aber, Er herrscht im Himmel in Seiner Macht, voll Kraft, und Er hält Sein Auge auf die Gestirne gerichtet, die durch Ihn entflammt wurden: Er schaut auf die gesamte übrige Schöpfung. So sitzt auch der Mensch auf seinem Herrschersitz, seiner Erde, und regiert die übrigen Geschöpfe, weil er mit den Zeichen des allgewaltigen Gottes gezeichnet ist. Diese Zeichen sind die fünf Sinne des Menschen. Durch sie gewinnt er Einsicht aus der Kraft Gottes heraus, und durch sie erkennt er, daß er im rechten Glauben in Gott die Dreifaltigkeit in der Einheit und die Einheit in der Dreifaltigkeit verehren muß. Diese Verehrung ist auch der Schmuck der neun Engelchöre, durch die die Satansschar vertrieben ward und stürzte. Der Mensch aber ist der zehnte Chor, den Gott in sich selbst im Urstand der Schöpfung der verlorenen Engel wiederhergestellt hat. Denn Gott wollte Mensch werden! Sein Menschtum ist die Burg, in der jene wandeln, die der zehnte Chor sind. Deshalb hat Gott im Menschen sowohl die höheren als auch die niederen Geschöpfe gezeichnet. Dieser Mensch stand auf, entfacht vom Lebenshauch seiner Seele, und kam zur Erkenntnis der gesamten Schöpfung. In seiner Geistigkeit und mit herzlicher Liebe schloß der Mensch alle Welt in seine Arme. (LDO 885/886; WM 164–166)

Vom Geschlechtsverhalten

Hildegard sieht in der Geschlechtsverfassung ein Wesensmerkmal des Menschen. Die Sexualität gehört zum Urstand, zur «constitutio prima», zur «genitura mystica». Im Anbeginn wurden Mann und Frau in aller Ehrenhaftigkeit füreinander bestimmt. Mann und Frau sind geschaffen zu einem Liebesbund; in herzlicher Liebe sind sie einander verbunden. Ausdruck dafür ist die geschlechtliche Gemeinschaft, die ebenfalls ganz natürlich eingerichtet ist. Sinn des Geschlechtsaktes ist neben der Fruchtbarkeit die menschliche Lebensentfaltung der Partner selbst. Die Geschlechtlichkeit umfaßt damit sein ganzes Menschsein und ist leibhaftiger Hinweis auf seine Personalität. Das Zusammenkommen von Mann und Frau, das in den drei Phasen der «concupiscentia» (Libido), der «fortitudo» (Potenz) und einem «studium» (dem Akt selber) beschrieben wird, dieses Geschlechtsleben ist nichts Geringeres als ein Abbild für das innertrinitarische Leben der Gottheit.
Auf diesem Hintergrund werden nun die einzelnen Generationsvorgänge konkreter betrachtet: Hildegard beschreibt eingehend die Geschlechtsreife, die rechte Zeit der Zeugung und eugenische Fragestellungen. Beim Akt wird der weibliche Acker vom männlichen Pflug wortwörtlich umgebrochen, damit Schweiß und Blut und Säfte beider Partner gekocht werden können zu einer Materie (et sic in unum confluunt). Die Geschlechtsorgane selbst sind bei Mann wie Frau Teile des ganzen Leibes und in gleicher Weise wie etwa das Gehirn mit Vernunft begabt (et in lumbis rationalitas floret).

Als Gott den Adam schuf, hatte Adam eine große Liebe in seinem Schlafe, den Gott über ihn sandte. Und Gott gab der Liebe des Mannes Gestalt, und so ist die Frau die Liebe des Mannes. Sowie nun die Frau gebildet ward, gab Gott dem

Manne jene Schöpferkraft, daß er aus seiner Liebe, welche die Frau ist, Kinder erzeugen könne. Als nämlich Adam Eva zum erstenmal erblickte, war er ganz von Weisheit erfüllt, da er in ihr die Mutter seiner Kinder erkannte. Als aber Eva Adam ansah, schaute sie ihn so an, als blickte sie in den Himmel hinein und als richtete sie ihre Seele empor, die den Himmel ersehnt: War doch ihre Hoffnung auf den Mann gerichtet. Und darum wird eine einzige Liebe sein, und nur so sollte es sein in der Liebe zwischen Mann und Frau und nicht anders. Die Liebe des Mannes ist im Brand seiner Leidenschaft wie das Feuer brennender Berge, das kaum einzudämmen ist; die Liebe der Frau gleicht dagegen der Flamme in einem Holzstoß, die man leicht wieder auslöscht. Ihre Liebe ist dem Manne gegenüber wie die ausgeglichene Wärme der Sonnenglut, die fruchtbringend wirkt im Vergleich zu jener ungeheuerlich entfachten Flamme der brennenden Wälder. Deshalb vermag die Frau auf eine angenehmere Weise ihre Frucht auszutragen. Jene gewaltige Liebesglut aber, die in Adam aufkam, als Eva aus ihm hervorging, und die Süßigkeit jenes Schlafes, in welchen er damals gefallen war, ist durch sein Vergehen in eine Süßigkeit entgegengesetzter Natur verkehrt worden. Gleichwohl spürt auch jetzt noch der Mann jenen starken süßen Drang in sich, und wie sich der Hirsch nach der frischen Quelle sehnt, so eilt auch heute noch hurtig der Mann zum Weibe hin. Die Frau aber verhält sich ihm gegenüber mehr wie eine Getreidetenne, die von wuchtigen Schlägen erschüttert wird und die, so wie die Körner in ihr zerschlagen werden, sich tüchtig dabei erhitzt.

Wenn die Geschlechtslust sich in einem Menschen erhebt, wird sie zuvor von der feurigen Kraft des Markes in Erregung versetzt. Das Feuer des Markes vermag sich aber auf verschiedene Weise im Menschen zu erheben, sei es durch unpassende

Ausgelassenheit, sei es durch unmäßigen Genuß von Speise und Trank oder schließlich rein aus einer zu üppigen Gedankenwelt heraus: und solchermaßen bringt es den Menschen außer sich. Das Feuer des Markes zündet nun die Geschlechtslust an, die noch den Geschmack der ersten Sünde an sich trägt; danach erregt die Geschlechtsgier zusammen mit diesem Lustgeschmack gleichsam wie ein Sturm die Glut im Blute, so daß das Blut einen Schaum hervorbringt und diesen Schaum, der Milch gleich, zu den Höhlungen der Geschlechtsorgane zusammen mit einer süßen Empfindung hingeleitet, weil er nämlich dann schon gekocht und reif ist. So wird ja auch jede Speise, wenn man sie gekocht und damit zur Reife gebracht hat, süßer als vor der Reife und vor dem Kochen. Der Mensch fühlt diese Süßigkeit an jener Stelle, an der die ganze Kraft der Gefäße zusammenkommt, weil ja die Süßigkeit, wie schon erwähnt, von den Gefäßen entwickelt wird. Das ist so zu verstehen, wie auch der Geruch und Geschmack und die gesamte Kraft eines Weines von einer Stelle des Gefäßes ausgehen.

Wenn sich ein Mensch mitunter in wollüstigen Gedanken erschöpft, gießt er, ohne daß es zu einer Berührung gekommen ist, einen solchen Schaum aus seinen Geschlechtsteilen aus wie ein Wasser, das, durch den Wind in Bewegung versetzt, Schaum hervorbringt. Wenn aber einer sich lediglich durch Berührungen selbst befriedigt, dann gießt er einen dünnflüssigen und trüben, nur halbgekochten Schaum, ähnlich einer dünnen Milch, aus, weil er nicht durch das Feuer eines anderen gekocht worden ist. Wie nämlich keine Speise rein aus ihrer natürlichen Wärme zum Kochen kommt, sondern ein anderes Feuer hinzugesetzt werden muß, so kann sich auch der menschliche Samen nicht zu einem vollkommen Gekochten entwickeln, wenn er nicht von dem Feuer eines anderen unterstützt wird. Wenn daher ein Mensch mit einem anderen Menschen oder mit einer anderen lebendigen und empfindsamen Natur zu einem Geschlechtsgenuß kommt, dann ergießt der Samen aus dem Feuer der beiden Teile ein Gekochtes, das dem Fett ähnlich und voller Mark ist. Wenn dann ein Mann bei jener Ausgießung seines Samens einer Frau beiwohnt, ergießt er seinen Samen an die rechte Stelle, wie jener es tut, der die gekochte Speise vom Ofen nimmt und in einer Schüssel zum Mahl vorsetzt. Wenn er aber nicht einer Frau, sondern auf eine widernatürliche Weise einer anderen Kreatur beiwohnt, dann ergießt er seinen Samen in einer schändlichen Art an die falsche Stelle, so wie einer es tut, der die gekochte Speise vom Ofen nimmt und in den Schmutz kippt. (CC 136–138; Hk 204/5)

Das Weib steht so lange unter der Dienstbarkeit des Mannes, bis sie zu einer Einheit kommen. Dabei deutet die Frau auf die Vereinigung des männlichen Samens mit dem weiblichen Blut hin, wodurch sie ein einziges Fleisch werden. Sobald der Samen des Mannes an seine Stelle fällt, nimmt das weibliche Blut diesen mit allem Verlangen seines Liebesvermögens auf und saugt ihn in sich hinein, gleichermaßen wie ein Atemzug etwas in sich hineinschlürft. Auf diese Weise vermischen sich weibliches Blut und männlicher Samen: Es entsteht daraus zunächst ein blutartiges Gemisch, durch das dann auch die Gewebe des betreffenden Weibes genährt werden, wachsen können und zur Entwicklung kommen. Daher ist die Frau wirklich *ein* Fleisch mit dem Mann und eben durch diesen Mann geworden. Anderseits wird auch die fleischliche Materie des Mannes durch die Erhitzung und durch den Schweiß der Frau innen und außen durchgekocht; so nimmt auch er den weiblichen Schaum und Schweiß wirklich in sich auf.

Sobald nämlich die Kraft seines männlichen Begehrens in die äußerste Erregung gerät, wird sein Blut dünnflüssiger, verströmt leichter und wird wie in einer Mühle herumgewühlt, wobei es etwas vom Schaum und Schweiß des Weibes in sich aufnimmt. Dabei wird auch seine leibliche Substanz mit der des Weibes gemischt, so daß er ebenfalls mit ihm und durch es *ein* Fleisch wird. Wenn nun aber Mann und Frau solchermaßen ein Leib geworden sind, empfängt die Frau von diesem Manne leicht eine Frucht, vorausgesetzt, daß sie fruchtbar ist. Daß aber überhaupt ein Mann und eine Frau dermaßen eine einzige leibliche Substanz werden und sein können, hat seine Erklärung im Ursprung des Weibes, da es als Leib aus der leiblichen Seite des Mannes hervorgegangen war. Nur deshalb können Mann und Frau beim Zeugungsakt in Blut und Schweiß dermaßen zu einem Einzigen zusammenfluten. Die Kraft der Ewigkeit aber, die das Kind aus dem Mutterleib hinausleitet, macht auch Mann und Frau so zu *einem* Fleisch.

(CC 67/68; Hk 135)

Nach dem Muster der antiken Temperamentenlehre beschreibt Hildegard alsdann systematisch je vier verschiedene Typen des Geschlechtsverhaltens. Sie schildert die Säftedisposition des Gehirns, das Kolorit der Haut, Beschaffenheit von Gefäßsystem und Blut, die Muskulatur und die Geschlechtskraft. Solche Männer üben ihre Geschlechtlichkeit in Ehren und mit einer besonnenen Liebe aus, und zwar so, daß «ihr Stamm auf eine ehrenhafte Weise zu jenem blühenden Zustand aufsprießt». Deshalb spricht man von ihnen wie von einem «aureum aedificium in recta amplectione», einem güldenen Gebäude in der geschlechtlichen Umarmung. Diese Männer sind, wenn sie ohne Frauen bleiben, ruhmlos wie ein Tag, der keine Sonne hatte. Ähnlich bei der Sanguinikerin: «Frauen dieser Art sind von Natur fettreich, haben eine weiche Muskulatur von köstlichem Fleisch, feingegliederte Gefäße, die reichlich reines Blut führen. Solche Frauen haben einen klaren, weißlichen Teint. In den Liebesumarmungen sind sie reizend und liebenswürdig. Sie verstehen sich auf feinere Künste und leben in einem zufriedenen Gemütszustand. Bei der Menstruation leiden sie kaum an Blutfluß. Ihre Matrix ist kräftig entwickelt und gebärfähig. Wenn sie ohne Männer und Kinder bleiben müssen, leiden sie an mancherlei körperlichen Zuständen. Wenn sie Männer haben, sind sie gesund.»

(CC 87; Hk 144)

Dem Modus der geschlechtlichen Vereinigung fügt sich die weibliche Rolle ein. Die Frau ist gebrechlicher, dafür elastischer, des männlichen Zuspruchs bedürftiger. Er ist der natürliche Behüter seiner Frau. Er hat zu werben, sie zu gewähren. Beide sind einander zugesprochen, erkennen und erschließen einander, beanspruchen und erfüllen sich gegenseitig. Und obschon der Mann größeres Vermögen hat, ist seine Potenz doch nur ein Teil, ein Anteil, den die Frau zur Vollendung führt.

«Die Frau aber ist ein Quell der Weisheit und ein Bronn der vollen Freude, ein köstlicher Anteil, den nunmehr wieder der Mann mit seinem mehr schöpferischen Vermögen vollendet.»

(PL 167; Bw 50)

Das Wesen, das Antwort gibt

Als das Geschöpf Gottes (opus Dei) wirkt der Mensch selber schöpferisch in der Welt (opus cum creatura). Er tut dies nie allein und für sich, sondern in Gemeinschaft, als ein «opus alterum per alterum», wofür wiederum die eheliche Partnerschaft das Beispiel abgibt. In vollkommener Liebe sollen Mann und Frau zusammenleben und nie mehr voneinander lassen. Ihr Liebesbund kann nicht mehr getrennt werden, wie ja auch Fleisch und Blut eine Einheit bilden, solange der Lebensgeist sie bindet. Liebe und Treue in der rechten Erkenntnis Gottes sollten stets zwischen Mann und Frau herrschen, wobei die Frau das Wesen ist, das Antwort gibt. Als Gott nämlich dem ersten Menschen seine Gestalt gab, führte Er auch die Frau aus seiner Rippe heraus. Und so sind die beiden ein Fleisch geworden, auf daß sie zusammenleben sollten in einer einzigen Liebe.

Denn Gott hat die Frau so gebildet, daß sie Ehrfurcht vor Ihm habe, Ehrfurcht auch vor ihrem Manne. Gerade darin bildet sie gleichsam das Haus der Weisheit, weil in ihrem Wesen das Irdische wie das Himmlische zu seiner eigentlichen Verwirklichung kommt. Durch sie ist ja der Mensch ins Leben getreten; aus ihr leuchten auch alle guten Werke. So sammelt die Frau allen Reichtum der Werte und heiliger Tugendkräfte in ihrem Schoß, und sie läßt nicht davon ab, bis sie alles Gute vollbracht hat und die heiligen Werke in der ganzen Welt zu leuchten beginnen wie die Sonne. (LVM 44; MV 69)

Daher spricht auch Salomon in seiner Weisheit: «Eine tüchtige Frau, wer wird sie finden? Ihr Wert geht weit über Korallen. Es vertrauet auf sie das Herz ihres Gatten, und es fehlt ihm nicht an Gewinn. Sie tut ihm Gutes an und nie Böses, alle Tage ihres Lebens. Sie sieht sich um nach Wolle und Flachs, und was ihren Händen gefällt, das schafft sie an. Sie ist gerüstet gleich den Schiffen des Kaufmanns, und von weit her schafft sie die Nahrung heran» (Sprüche 31,10–14).
Diese Worte wollen so verstanden sein: Ein Mensch, der treu erfunden werden will, lege die weibische Schwäche ab und greife nach mannhafter Stärke, die er zu seiner zweiten Natur machen sollte. Dann erhebt sich sein Ruhm weithin an Ehren, und von den äußersten Grenzen her erwirbt er sich guten Ruf. Seiner guten Werke wegen wird Gott verherrlicht. Daher sollen ihr Vertrauen auf ihn alle werfen, die noch größere Macht haben, so daß sie ihm die Ehre geben. Denn er braucht nicht die üble Plünderung einer Ausbeutung, da er sich keinerlei Ehre fälschlich aneignet. Und so werden ihm die guten Verdienste anstelle der üblen Gewinne zurückerstattet, solange er bei seinen guten Taten bleibt. Er sucht in allem Tun die Milde wie die Härte, wohl wissend, wo er weich und wo

er hart sein muß, da er immerzu eifrig darauf bedacht ist, was einem jeden in seiner Haltung wie Handlung wohl bekomme.

Auf diese Weise wird ein solcher Mensch mit Hilfe des höchsten Gnadenspenders zu einem Steuermann, indem er die Schwächen seiner Nächsten, die längst vom Pfade der Wahrheit abgewichen sind, mit Unterstützung seiner Gebete hält und trägt. Indem er anderen bei ihren Lebensbedürfnissen und den Notständen dieses Lebenslaufes hilft, schont er sich angesichts der ständig drohenden Gefahren durch schlimme Überschwemmungen keineswegs, um sie alle, die ihm getreulich folgen, zum Hafen des Heils zu geleiten. Wer aber von den Menschen, der wirklich auf die Schwierigkeiten des Lebens achtet, wird wohl noch einmal eine solche Frau, die Weisheit nämlich, finden, eine Frau, die alles Weichliche ablegt, um in der Tüchtigkeit stark zu stehen? Keine Langeweile wird sie je befallen, und kein Weg ist ihr zu weit, bis sie gefunden hat, was sie sucht. Ist sie selber doch eine Speise, an der keiner sich je ersättigen kann! Ein Strahlen ist sie, aus dem aller Schmuck leuchtet, und der Edelstein, der das Gold schmückt. Alles unterscheidet sie, was nur auf der Welt unterschieden werden kann. Tausendfach legt sie ihr Augenmerk auf jeden Teil ihres Handelns und läßt nicht dabei nach, weil sie die Nützlichkeit in Person ist. Fern im Himmel wie auch hier auf Erden liegt ihr Wert, da sie Himmlisches und Irdisches wohl zu unterscheiden weiß.

Eine solche Frau hat dem Herzen des allmächtigen und allherrschenden Gottes wohl gefallen, Ihm, in dem keinerlei Bedürftigkeit wohnt, vielmehr die Fülle der Vollkommenheit herrscht. Er hat auf nichts Rücksicht zu nehmen, um noch etwas anderes zu erwarten, da Er an allen Gütern überströmt. Daher schenkt Gott einer tüchtigen Frau auch alles, was lobwürdig und ehrenvoll ist. Kein Widerspruch zu Seinem Namen tritt auf, solange die Tage dauern, die sie mit Gott verbringt, da sie immerfort mit Ihm ist und bei Ihm bleiben wird. Diese Frau hatte in ihren geheimsten Bestrebungen nur die Sanftmut im Sinn, sozusagen die Wolle, wie auch die Frömmigkeit, und damit gewissermaßen das Linnen. Die himmlischen Werke vollbrachte sie mit der umsichtigen Sorgfalt ihres Planens bei allen Handlungen, die sie in Weisheit zur Durchführung brachte. Damit oewährte sie den Menschenkindern Schutz, damit sie nicht vor Gott nackt auftreten müßten. Hierin gestattet sie sich niemals eine Saumseligkeit, ja sie verweist sie immer wieder auf neue Werke, die sie noch zu tun hätten. Und so pflegt sie auch selber immerfort tätig zu sein. In alledem ist sie gar treu, in welcher Treue sie einem Schiffe gleicht, das alle Güter und Lebensmittel an den Menschen heranträgt. Jenem gehört sie an, der als Baumeister der Welt am Werke ist, um den Seinen für ihre rechtschaffene Arbeit das Himmelreich zu schenken. Und so trägt diese Treue der Weisheit auch von Anbeginn der Welt bis zu ihrem Ende offenkundig jene Speise in sich, durch die alle, die geheilt sein wollen, erquickt werden, damit ihnen aber auch nichts auf dem Wege und bei der Mühe ihrer Seelen fehle, sie vielmehr erquickt zur Fülle jener Sättigung gelangen, wo sie nicht länger mehr dürsten werden.

(LVM 160/61; MV 196/197)

Vom Wesen der Liebe

Auf ihrer ersten Missionsreise den Main hinauf hatte Hildegard auch das Kloster Ebrach im Steigerwald, das zwischen Kitzingen und Bamberg liegt, besucht, wo sie mit dem Abt Adam, einem Freunde des Bernhard von Clairvaux, zusammentraf. Abt Adam, ein Mönch von Morimond, damals schon ein hochangesehener Würdenträger, schreibt später an die «Herrin Hildegard, seine geliebte Mutter, die Meisterin der Schwestern von Sankt Rupert»: Er und seine Brüder befänden sich in einer besonders kritischen Situation und bäten dringend um Stärkung und Tröstung. Hildegard gibt ihm folgende Antwort:

In einer wahren Schau meines Geistes, mit wachem Körper, sah ich ein überaus schönes Mädchen. Es strahlte in solch hellem Leuchten seines Antlitzes, daß ich nicht vollkommen hineinzuschauen vermochte. Es trug einen Mantel, weißer als Schnee und leuchtender als die Sterne. Auch hatte es Schuhe an wie aus reinstem Golde. Auf seiner Brust war eine Tafel aus Elfenbein, auf der eine Menschengestalt von saphirblauer Farbe erschien. Und alle Welt nannte dieses Mädchen seine Herrin. Das Mädchen sprach nun zu der Gestalt, die auf seiner Brust erschien: Bei dir ist die Herrschaft am Tage deiner Kraft, im Glanze der Heiligen!
Und ich hörte eine Stimme, die zu mir sprach: Das Mädchen, das du da siehst, ist die Liebe. In der Ewigkeit hat sie ihre Heimat. Denn als Gott die Welt erschaffen wollte, da neigte Er sich herab in der zärtlichsten Liebe. Alles Lebensnotwendige sah Er voraus, und dies ganz in der Weise, wie auch ein Vater seinem Sohne das Erbe bereitet. Und so bildete Er in glühendem Liebeseifer alle Seine Werke. Damals erkannte die Schöpfung in all ihren Arten und Gestalten ihren Schöpfer. Denn die Liebe war im Urgrund dieser Schöpfung schon da, als Gott sprach: Es werde! Und es ward. Wie in einem Augenblick wurde die ganze Welt da durch die Liebe gebildet...
Die ganze Welt nennt daher auch dieses Mädchen «Herrin». Denn aus der Liebe ist die Schöpfung hervorgegangen, weil die Liebe das Allererste war. Aus Liebe hat Gott sich um des

Menschen willen mit der menschlichen Natur bekleidet. Denn wie die ganze Welt auf Gottes Geheiß vollendet ward, da Er sprach: «Wachset und mehret euch und erfüllet die Erde!», so stieg auch die Glut der wahren Sonne wie ein Tau in den Schoß der Jungfrau hernieder und bildete aus ihrem Fleisch den Menschensohn, so wie sie auch aus dem Lehm der Erde Adam zu Fleisch und Blut gebildet hatte.

Zum Wesen der Liebe aber gehört weiterhin, daß man sie sich ohne Flügel gar nicht denken kann. Denn als das Geschöpf im Anfang das All umkreiste, so daß es in diesem Drang auffliegen wollte und doch nur fiel, da hoben die Schwingen der Liebe es wieder empor. Das war die heilige Demut. Als nämlich diese schreckliche Gesinnung den Adam zu Boden warf, da achtete Gott genau darauf, daß er im Fallen nicht ganz und gar zugrunde gehe, weil Er ihn ja durch die heilige Menschwerdung erlösen wollte. Diese Flügel waren von großer Macht, weil die Demut den verlorengegangenen Menschen aufhob. Dies geschah durch die Menschheit des Erlösers.

Die Liebe hat den Menschen erschaffen; die Demut hat ihn erlöst. Die Hoffnung aber ist wie das Auge der Liebe; die Liebe zum Himmlischen ist ihr Zusammenhalt. Der Glaube ist gleichsam das Auge der Demut, der Gehorsam ihr Herz, die Verachtung des Bösen ihr Zusammenhalt. Die Liebe war in Ewigkeit und brachte im Anfang aller Heiligkeit jedwedes Geschöpf ohne Beimischen eines Bösen hervor. Und so hat die Liebe auch Adam und Eva aus der reinen Natur der Erde erzeugt. Wie diese beiden alle Menschenkinder hervorbrachten, so bringen auch diese beiden Tugenden alle übrigen Tugendkräfte ans Licht. (PL 192–194; Bw 140–142)

Die Unglückseligen,
in ihren Geschlechtern errötend
schreiten sie dahin
durch ihren Fall
in das Elend.
(Carmina, 9)

Die Klage der Elemente

Mit seinem Fall hat der Mensch seine fröhliche Wissenschaft, die «scientia laeta», aufs Spiel gesetzt. Durch sein Versagen wurde er gebrechlich, krank, dem Tod unterworfen. Mit diesem Widerspruch zu seiner ursprünglichen Existenz stört er nicht zuletzt auch die schöne Natur, die Ordnung des Kosmos. Dieser Fall des Menschen wird bis in die Elemente der Welt verfolgt. Der Mensch bringt die Elemente in Verwirrung. Er ist im Besitz der ökologischen Gleichgewichte; aber er stört sie auf das empfindlichste und vermag sie zu zerstören. Mit dem Fall geriet die Natur in Verfall, die Geschichte in Konkurs. Der Mensch führt eine Existenz der Angst und in Sorge; er ist korrupt und nähert sich dem Nichts. Er kränkt sich selbst und macht andere krank. Krankheit ist kein Prozeß, sondern ein Verfallen, eine Tendenz zum Nichts und partielle Vernichtung. Der Mensch im Widerspruch verdeutlicht am entschiedensten die Notlage unserer Existenz; selbst die Weltelemente klagen laut: Dieser Mensch ist ein Rebell!

Und ich hörte, wie sich mit einem wilden Schrei die Elemente der Welt an den Mann Gottes (Vir Deus) wandten. Und sie riefen: «Wir können nicht mehr laufen und unsere Bahn nach unseres Meisters Bestimmung vollenden. Denn die Menschen kehren uns um mit ihren schlechten Taten wie in einer Mühle von unterst zu oberst. Wir stinken schon wie die Pest und vergehen vor Hunger nach der vollen Gerechtigkeit.»

Ihnen antwortete der Mann: «Mit Meinem Besen will ich euch reinigen und die Menschen so lange heimsuchen, bis sie sich wieder zu Mir wenden. In der Zwischenzeit aber werde Ich viele Herzen vorbereiten und hinziehen zu Meinem Herzen. Mit den Qualen derer, die euch verunreinigt haben, will Ich euch reinigen, so oft ihr besudelt werdet. Wer denn auch wäre Mir gewachsen? Doch nun sind alle Winde voll vom Moder des Laubes, und die Luft speit Schmutz aus, so daß die Menschen nicht einmal recht ihren Mund aufzumachen wagen. Auch welkte die grünende Lebenskraft durch den gottlosen Irrwahn der verblendeten Menschenseelen. Nur ihrer eigenen Lust folgen sie noch und lärmen: «Wo ist denn ihr Gott, den wir niemals zu sehen bekommen?»

Ihnen antworte Ich: Seht ihr Mich denn nicht Tag und Nacht? Seht ihr Mich nicht, wenn ihr sät und wenn die Saat aufgeht, von Meinem Regen benetzt? Ein jedes Geschöpf strebt hin zu seinem Schöpfer und erkennt ganz klar, daß nur Einer es hervorgebracht hat. Nur der Mensch ist ein Rebell. Er zerreißt seinen Schöpfer in die Vielzahl der Geschöpfe.

Wer aber hat in Weisheit die heiligen Bücher gebildet? Schlagt doch einmal in ihnen nach, wer euch wohl gemacht hat! Solange auch nur ein Geschöpf noch in seiner Art wirkt, um euren Bedürfnissen zu dienen, werdet ihr die volle Freude nicht haben. Wenn aber die welke Schöpfung dereinst dahingeschwunden sein wird, dann werden auch die Auserwählten die höchste Freude im Leben aller Wonnen schauen...

(LVM 105/6; MV 133/4)

Denn die Elemente trinken alles, was zur Natur des Menschen gehört, wie ja auch der Mensch die Elemente in sich hineinnimmt: Der Mensch lebt mit ihnen und sie mit dem Menschen, und dementsprechend strömt auch das Blut im Menschen. Daher steht geschrieben: «Himmel und Erde klagen über den Menschen»; dessen ruhelose Zwistigkeiten in seinen Werken sind es ja, welche die Elemente so oft in Verwirrung bringen.

Das ist so, wie wenn ein Mann ein Netz in seiner Hand hält und dieses bewegt. Auf die gleiche Art und Weise setzt auch der Mensch die Elemente in Bewegung, so daß sie seinen Handlungen entsprechend ihre Atmosphäre aussenden.

(CC 18/19; Hk 69)

O blutige Tat,
bis zur Höhe drang dein Schall,
da alle Elemente brachen aus in Aufruhr,
und voll Entsetzen klagend schrien sie auf,
weil sie berührte ihres Schöpfers Blut –
O heile uns von unserm Siechtum!
(Carmina, 77)

Leben in der Entfremdung

Im Gleichnis vom verlorenen Sohn ist von zwei Kindern die Rede, die der Vater beide gleich lieb hatte. Der eine von ihnen reißt sich los, macht sich selbständig, genießt die Welt und das Leben in vollen Zügen, nimmt sich, was er kriegen kann, gibt sich aus und verkommt –, bis er endlich in sich geht und heimkehrt an das Vaterherz. Wesentlich fremdartiger ist die Gestalt des Erstgeborenen, den Hildegard von Bingen auf die Engel gedeutet hat, die erstgeschaffene Kreatur vor aller Welt. Der Mensch ist demnach der verlorene Sohn, der heimgefunden hat und der damit auch die durch den Fall der Engel entstandene Lücke in der Schöpfung wieder aufzufüllen vermochte.

Das Gleichnis vom Verlorenen Sohn wird in dreifacher Hinsicht gedeutet: Die Erzählung vom Vater und seinen beiden Söhnen dient als Hinweis auf das Verhältnis des Menschen zum Schöpfer wie zur Schöpfung. Das Gleichnis wird dann noch einmal in die kosmische Dimension gehoben, wo es zum Sinnbild für das Schicksal der Menschheit und für den Zustand des Heiles am Ende der Zeiten wird.

I.

Ein Mann (jener Mann nämlich, zu dessen Bild und Gleichnis auch der Mensch erschaffen ward) hatte zwei Söhne (was bedeutet, daß Gott dem Menschen die Erkenntnis des Guten wie des Bösen verlieh). Da sagte der jüngere von den beiden (jener nämlich, der im Wankelmut seines sittlichen Verhaltens eher zum Bösen geneigt war) zu Gott, seinem Vater: Vater, gib mir den Anteil des Vermögens (ohne damit schon das volle Werk auszukosten), der mir zukommt (da es mich reizt, es zu schmecken und zu kosten). Da teilte er den Besitz unter sie (weil Gott allen, die dem Guten anhängen, Ruhm und Ehre zuteil werden läßt, all denen aber, die im Bösen zu verharren wünschen, selbst zu ihrem Irren die Freiheit läßt). Wenige Tage darauf schon (denn dort verweilt nicht die Stunde des Heiles, wo das Böse herrscht) packte der jüngere Sohn alles zusammen und zog fort in ein fernes Land (was nichts anderes bedeutet, als daß er sich von seinem eigenen Wesen entfernte, um rein seinen Gelüsten nachzulaufen). Und dort vergeudete er sein Vermögen (er verstreute all seine Fähigkeiten in die verschiedensten Lasterhaftigkeiten), indem er in üppiger Ausschweifung drauflos lebte (indem er sich all seinen Gelüsten in schändlicher Weise hingab).
Nachdem er aber alles durchgebracht hatte (was besagt: nachdem er sich alles Böse geleistet, bis zum Verdruß und Überdruß), da kam eine schwere Hungersnot über jenes

Land (in der Weise, daß er sich um die wahre Speise des Lebens in keiner Weise kümmerte, vielmehr seinen Willen rein mit Bösem befriedigte), und er fing an zu darben (er verlor in der Flut seiner Laster die Hoffnung auf das Leben). Da ging er hin (indem er sich von Gott abkehrte) und verdingte sich an einen Bürger jenes Landes (sich dem Bösen verpflichtend, das alsbald sich in seinem Herzen einen festen Sitz verschaffte), und der schickte ihn auf seine Felder (was besagen will, auf die Kulturen der Laster, die dort angesiedelt sind), damit er die Schweine hüte (um in Lasterhaftigkeit seinen Nichtsnutz zu pflegen). Gerne hätte er sich seinen Magen (das heißt: sein sehnsüchtiges Verlangen) gefüllt mit den Schoten, welche die Schweine fraßen (was besagt: mit dem mannigfaltigen Vielerlei, und zwar so, daß er Gott die Schuld zuschieben wollte, so als müsse Gott sich mehr infolge seines Versagens schuldbewußt zeigen als er es selber sollte), aber niemand gab sie ihm (weil kein Geschöpf nämlich ihm darin, daß er Gott als den Schuldigen beklagte, seinen Beistand verlieh).

Da ging er in sich (so daß er wieder seines Schöpfers gedachte und all des Bösen, das er getan, zumal er darin keinerlei Hoffnung mehr sah) und sprach (bei sich selbst überlegend): Wie viele Taglöhner im Hause meines Vaters (alle die nämlich, die mit ihrem Fleisch und Blut und in mühseliger Arbeit sich himmlischen Lohn verdienten) haben Brot im Überfluß (sind satt in einem gerechten Leben); ich aber komme hier vor Hunger um (hier, wo mir so gänzlich der Geschmack an guten Werken fehlt). Ich will mich aufmachen (weg vom Weg des Bösen) und gehen (über den Weg des Guten) zu meinem Vater (der mich geschaffen hat), und ich will zu ihm sagen (im Seufzer der Zerknirschung): Vater, ich habe gesündigt gegen den Himmel (gegen den himmlischen Geist nämlich, der in der Seele west) und vor dir (der ich dich doch erkannte als Gott, obschon ich sündigte). Ich bin nicht mehr wert, dein Sohn zu heißen (wegen der Nichtsnutzigkeit meiner Herzensgesinnung); halte mich wie einen von deinen Tagelöhnern (die mit ihrem Fleisch und Blut und in so mühseligem Schaffen deinen Willen erfüllt haben).

Und er machte sich auf (weg von seinen Lastern) und kam zu seinem Vater (im Betreten der guten Wege). Als er aber noch weit entfernt war (weit noch befangen in seinen bösen Gewohnheiten), sah ihn (im Herumschauen) sein Vater und wurde von Erbarmen bewegt (denn er hatte ihn in der liebenden Neigung des Umkehrens bereits berührt). Und er lief herbei (voll Barmherzigkeit), fiel ihm (sich zu ihm neigend) um den Hals (empfangend dies gerechte Leben) und küßte ihn (sich in der Liebe vereinigend). Der Sohn aber sprach zu ihm (in reuiger Zerknirschung): Vater, ich habe gesündigt gegen den Himmel und vor dir (weil ich, obschon ich dich kannte, nicht aufhörte, zu sündigen). Ich bin nicht mehr wert (bei meiner Pflichtverletzung), dein Sohn zu heißen (dein Sohn, den du doch aufnehmen könntest in die frühere Erbschaft. Den Satz von den Tagelöhnern sprach er an dieser Stelle nicht, weil er zu sehr wohl die Gnade Gottes erhoffte). Es sprach aber (aus höchster Eingebung heraus) der Vater zu seinen Knechten (das heißt zu jenen Tugendkräften, mit denen die Menschen Gott dienen): Schnell, holt das beste Kleid heraus (die Unschuld nämlich) und zieht es ihm an (in der Gerechtigkeit der Unschuld), und gebt ihm einen Ring an die Hand (die Vollendung aller guten Werke) und Schuhe (mit denen er dem Teufel wegläuft) an die Füße (auf daß er recht einherschreite). Und holt (durch lauten Befehl) das Mastkalb (was bedeutet: den Sohn Gottes, der die himmlische Fruchtbarkeit erwarb) und schlachtet es (indem ihr so Sein Martyrium in ihm wiederholt). Wir wollen essen (im

Geschmack der guten Werke) und fröhlich schmausen (uns beglückwünschend, weil die Grünkraft des Heiligen Geistes wieder aufgeblüht ist in ihm). Denn dieser mein Sohn (den Ich erschuf), war tot (weil er das Wissen um Gott nicht mehr hatte) und ist wieder lebendig geworden (indem er sich Mir wieder zuwandte); er war verloren (im Gedächtnis der Gerechtigkeit, weil er die Sättigung des Lebens nicht mehr besaß) und ist wiedergefunden worden (auf dem Wege des gerechten Lebens). Und sie fingen an, fröhlich zu schmausen (sich beglückwünschend über das wiedergefundene verlorene Schaf).
Es war aber sein älterer Sohn auf dem Felde (er, der das Wissen um das Gute bei der Pflege seiner höheren Erbschaft behalten hatte). Als er dahin kam (seine Lebenswege überdenkend) und sich näherte (in seiner rechtmäßigen Verbindlichkeit) dem Hause (das heißt: der Wohnstatt der Tugenden), da hörte er (im Heraufsteigen zu den höheren Dingen) Musik (das heißt: die Freude der höchsten Schau) sowie Spiel und Tanz (jene Zier und Glorie nämlich, in denen Gott gedient wird). Da rief er (sich selbst besinnend) einen der Knechte herbei (die reine Treue) und fragte (weiter nachforschend), was das wohl sei (aus der Huld Gottes, die ihn wachgerüttelt hatte).
Der aber (der Glaube nämlich) sagte ihm (indem er seinem Bedenken die Antwort gab): Dein Bruder (in jenem Erkennen, das um Gott weiß) ist gekommen (indem er den rechten Weg einschlug), und dein Vater hat das Mastkalb geschlachtet (das heißt: jener, von dem du geschaffen bist, hat wiederholt das Leiden Seines Sohnes, der die Fruchtbarkeit des Lebens erwarb), weil er ihn gesund (in gutem Wohlstand) wiedererhalten hat (wieder in seine Arme genommen hat). Da wurde der zornig (es verwunderte ihn maßlos, daß Gott

aus solcher Böswilligkeit so viel Gutes machen sollte), und er wollte nicht hineingehen (in die Obhut seines Vaters nämlich, weil er die notwendige Reumütigkeit nicht besaß, um sich zu freuen über ihn als den einen, den bekehrten Sünder). Doch sein Vater kam heraus (insofern, als Gott seine Ermahnung an ihn richtete) und begann ihm zuzureden (auf daß er im Guten verharre). Er aber gab zur Antwort (in seinem Denken und Brüten) und sprach zu seinem Vater: Siehe, so viele Jahre (das bedeutet: in solchem Maße und in aller Mäßigung) diene ich dir (im Guten) und habe nie dein Gebot übertreten (indem ich es verachtet, wie mein Bruder), und mir hast du nie ein Böcklein gegeben (mir, der ich fern aller Sünden bin), um mit meinen Freunden (mit den Tugenden) Gastmahl zu halten (damit ich auch einmal solchen Ruhm von meinen guten Taten genösse, wie dieser mein Bruder von diesem seinem Umgang). Jetzt aber, da dieser dein Sohn (der doch durch Dich geschaffen ward), der dein Vermögen mit Dirnen verpraßt hat (indem er Deine Gebote mißachtete und jene Werke vergaß, die doch zum Leben der Seele unerläßlich sind, der alles das vergeudet hat im Übermut seines tollen Treibens), da der nun gekommen ist (den rechten Weg einschlagend), da hast du ihm das Mastkalb geschlachtet (was bedeutet: daß Du ihn gesalbt hast, mit der Passion Deines Sohnes, alles Leben befruchtend).

Er aber (Gott selber nämlich) sprach zu ihm (im Ton der Ermahnung): Sohn (was hier bedeutet: das Wissen um das Gute), allezeit (in aller Glückseligkeit) bist du bei mir (und verlässest Mich nicht), und alles, was mein ist, ist dein (was bedeutet, daß alle guten Dinge in deinem Besitz sind, weil Ich die Güte selber bin). Feiern aber (im Glückwünschen aus der Grünkraft des Heiligen Geistes) und uns freuen mußten wir (weil das Wissen um das Böse sich wieder zum Guten gewandt hat. Es ist nämlich notwendig, daß sich das böse Gewissen zum Guten wendet, dorthin, wo alles Wesen die Güte des Vaters lobpreist und wo in der ganzen Schöpfung das Lob gesungen wird. Das ist so, wie wenn ein kämpfender Krieger seinen Gegner überwindet, und der Feind wird dann, nach notwendender Überwindung, zu seinem Freund, weil er ihm einfach nicht widerstehen konnte; und so ist schließlich auch der Überwundene noch in seiner Kampfkraft zu loben). Denn dieser dein Bruder war tot (in seiner Nichtsnutzigkeit) und ist wieder lebendig geworden (in der Anerkennung Gottes, insofern er sich wiederbesonnen hat auf seinen ersten Ursprung); er war verloren (indem er den Täuschungen verfallen), und er ist wiedergefunden (im wahren Lichte).

II.
Das Gleichnis in anderer Deutung

Ein Mann (Gott nämlich) hatte zwei Söhne (das sind die Engel und der Mensch). Da sagte der jüngere von ihnen (das heißt: der Mensch) zu Gott, seinem Vater: Vater, gib mir den Anteil (das heißt: die Möglichkeit) des Vermögens (durchzuführen nämlich mein eigenes Werk), das mir zukommt (von Natur aus, damit ich es von mir aus zu Ende bringe). Da teilte er den Besitz unter sie (damit sie ans Werk gehen könnten).
Wenige Tage darauf schon (weil der Mensch nur kurze Zeit im Paradies verweilte) packte der jüngere Sohn alles (all seinen eigenen Willen) zusammen und zog fort (vertrieben aus dem Paradiese) in ein fernes Land (in diese Welt nämlich). Und dort vergeudete er sein Vermögen (all seine Werke), indem er in üppiger Ausschweifung drauflos lebte.

Nachdem er aber alles durchgebracht hatte (das heißt: nachdem er all sein Tun verwirkt), da kam eine schwere Hungersnot (da nichts ihm Sättigung gewährte) über jenes Land (die Welt nämlich, die keine Ehrfurcht hatte vor Gott), und er fing an zu darben (zu darben inmitten all seiner Trugbilder). Da ging er hin (in seiner Weglosigkeit) und verdingte sich an einen Bürger (den Teufel nämlich) jenes Landes (dieser Welt nämlich). Der schickte ihn (mit seinen Verführungskünsten) auf seine Felder (in seine Gesetzlichkeiten) zum Schweinehüten (damit er dort in seiner Verwirrtheit und Schändlichkeit seinen Lüsten frönen könne). Gerne hätte er sich den Magen (das heißt: die Fassungskraft seines gesamten geistigen Vermögens) gefüllt mit den Schoten (dieser Gier nach dem Lasterhaften), aber niemand gab sie ihm (weil Gott nämlich keinerlei Verbindung hat mit dem Bösen, und weil der Teufel nun einmal niemandem irgendeine Sättigung zu geben vermag).

Da ging er in sich (gedachte dessen, von dem er geschaffen war, so wie Gott dem Abraham die Beschneidung geschenkt) und sprach: Wie viele Taglöhner im Hause meines Vaters (alle die, die Gott um des höheren Lohnes willen verehrten, all die Gerechten auch bereits vor der Beschneidung, wie Noe, Enoch, Abel und andere) haben Brot im Überfluß (die Gerechtigkeit nämlich). Ich aber komme hier vor Hunger um (weil ich keinerlei Sättigung im Leben verspüre). Ich will mich aufmachen (abstehen vom Kult der Trugbilder) und hingehen (über die Beschneidung) zu meinem Vater und will ihm sagen (will Ihn wieder ehren): Vater, ich habe gesündigt gegen den Himmel (weil ich die Welt allein anbetete: die Sonne, den Mond und die Sterne) und vor dir (da ich Dich verlassen): Ich bin nicht mehr wert, dein Sohn zu heißen (wie diejenigen, die Dich allzeit zu ehren wußten); halte

mich wie einen von deinen Tagelöhnern (wie all die, die das ewige Leben verschmähten).
Und er machte sich auf (weg vom Kult der Dämonen) und ging (über den Berg Sina) zu seinem Vater (wie Moses, da er das Gesetz empfing). Als er aber noch weit entfernt war (im Gesetzesstand nämlich, weil das Gesetz allein den Menschen nicht zum Leben zu führen vermochte), da erblickte ihn sein Vater (indem Er die Propheten sandte, die bereits Kunde gaben von der Menschwerdung des Sohnes Gottes), und er ward von Erbarmen bewegt (wie damals, da der Engel Gabriel Christus der Jungfrau Maria verkündigte). Und er eilte herbei (wie bei jener Begrüßung Mariä), fiel ihm um den Hals (da der himmlische Vater Sein Wort zu Jakob sandte, und Er fiel ihm – in Israel – um den Hals – in Juda, da der Heilige Geist kam über Maria in ihrer Empfängnis), und er küßte ihn (mit dem Kuß Seines Mundes in der Geburt Seines Sohnes).
Da sprach zu ihm der Sohn (der Mensch nämlich): Vater, ich habe gesündigt gegen den Himmel (gegen die Schöpfung in den Höhen der Gestirne, da ich doch nur Trugbilder verehrte) und vor dir (indem ich Dich verleugnete); ich bin nicht mehr wert (bin ich doch ein Verräter), dein Sohn zu heißen. (Den Satz von den Tagelöhnern aber sagte er nicht, weil er zwar bei all seinem Vergehen keinen Lohn erhoffte, sich dennoch aber der Gnade Gottes anheimgab).
Der Vater aber sprach zu seinen Knechten (zu den Aposteln, da sie von Christus berufen sind): Schnell (ohne noch weiter zu zögern), holt das beste Kleid heraus (das Gewand nämlich, das Adam im Paradiese verlor) und zieht es ihm an (ihm, dem neuen Menschen), und gebt ihm einen Ring (den Glauben nämlich) an die Hand (um im Werk den Glauben zu erfüllen) und Schuhe an die Füße (zur Abtötung des Flei-

sches in der Vorbereitung des Evangeliums). Und holt das Mastkalb (so wie der Sohn Gottes, der allen Gläubigen eine Weide des Lebens wurde, vor Kaiphas und zu Pilatus geschleppt wurde) und schlachtet es (wie Er gekreuzigt ward). Wir wollen essen (wie Er in seinem Leiden zerrüttet ward) und fröhlich sein (in Seiner Auferstehung). Denn dieser mein Sohn (der Mensch nämlich) war tot (weil er die Unschuld verloren, die er in seinem himmlischen Ursprung besaß) und ist wieder lebendig geworden (in der Anerkennung Gottes); er war verloren (weil er die Speise des Lebens nicht kannte) und ist wiedergefunden worden (in der Zerknirschung der Reue). Und sie fingen an, fröhlich zu tafeln (wie auch die Apostel ermuntert wurden, da der Heilige Geist in feurigen Zungen über sie kam).
Es befand sich aber sein älterer Sohn (damit sind hier die Engel gemeint, die vor dem Menschen erschaffen wurden) auf dem Felde (das heißt, bei der Pflege der himmlischen Dinge). Als er herankam (auf höheres Geheiß) und sich dem Hause näherte (so wie Engel zu Menschen in größerer Liebe dereinst niederstiegen), da hörte er festliche Musik (ein Tönen voller Lob, wie dies auch die Apostel taten mit ihren Wunderzeichen unter dem Volke) sowie Tanz und Spiel (das bedeutet: die selige Betrachtung des gerechten Lebens). Da rief er einen der Knechte herbei (berief sich auf die Einheit der Prophetengabe) und fragte (im Fragen nach den Geheimnissen der Prophezeiungen), was das sei (was wunders er da zu sehen bekomme). Der aber sagte ihm (durch die Wahrsprüche der Propheten): Dein Bruder (der Mensch nämlich) ist gekommen (voller Reue), und dein Vater (Gott selber) hat das Mastkalb geschlachtet (hat Seinen Sohn für ihn dahingegeben, da Er ihn heil wieder aufnahm, der diabolischen Macht entrissen).

Da wurde er zornig (er verwünschte sich und geriet in Staunen, daß so was passieren konnte) und wollte nicht hineingehen (weil sie des Leidens Christi nicht bedurften noch der Freude, die über einen Sünder herrscht, der bereut). Doch sein Vater trat heraus (indem Er das Verlangen Seiner Barmherzigkeit offenkundig machte) und begann ihn zu befragen (so wie Er die Engel sandte zum Heil des Volkes über die Ermahnungen des Heiligen Geistes im Wiederaufbau der Kirche, wo Engel noch gesandt wurden ob der Menschen Not). Er aber gab zur Antwort (indem er murrte) und sprach zum Vater: Siehe, so viele Jahre (all die Zeiten hindurch, aus denen ich geschaffen ward) diene ich dir (habe ich mich Deinen Diensten verbunden), und mir hast du nie ein Böcklein gegeben (gabst keinen Anteil an Reue mir noch an jener Gnade, aus der Du die Sünden meines Bruders vergeben), um mit meinen Freunden (das heißt mit dieserart Zeichen und Wundern und Tugenden) Gastmahl zu halten (um auch hier die neue Freude in neuem Wohlklang zu genießen). Jetzt aber, da dieser dein Sohn (der Dein Geschöpf ist), er, der dein Vermögen mit Dirnen verpraßt hat (der all sein Tun in geilen Lastern verwirkt), gekommen ist (da er zerknirscht zu Dir zurückkehrt), da hast du ihm das Mastkalb geschlachtet (indem Du ihm offenkundig machtest das Vergießen des Blutes Deines Sohnes, der allen Gläubigen die Fruchtbarkeit des Lebens geschenkt).
Er aber (Gott selber) sprach zu ihm (in behutsamer Ermahnung): Sohn, du bist allezeit bei mir (in aller Lauterkeit und Heiligkeit, in der du beständig Mein Antlitz erblickest, indes der Mensch in seiner sterblichen Leibhaftigkeit Mein Antlitz niemals zu erschauen vermag), und alles, was mein ist (all die Wunderwerke, die Ich an deinem Bruder vollendet), ist dein (weil du doch stets der Bote sein wirst zwischen Mir und dem

Menschen). Gastmahl aber halten (da der Mensch im Blute Meines Sohnes erlöst und durch die Ausgießung des Heiligen Geistes gestärkt ward) und fröhlich sein mußten wir (bei der Auferstehung des verlorenen Menschen); denn dieser dein Bruder war tot (abgestorben den himmlischen Dingen und dem guten Gewissen) und ist wieder lebendig geworden (durch die Anerkennung Gottes und aus der Wurzel der Gerechtigkeit); er war verloren (da er vor Gottes Auge der Speise des Lebens entbehrend nicht in Herrlichkeit erscheinen konnte), und er ist wiedergefunden (wiedergefunden in Christus, in der Zerknirschung der Reue, erlöst durch Sein Blut). (EE 277–282)

Der Mensch im Widerspruch

Noch einmal wird das unheilvolle Leben in der Entfremdung aufgegriffen und des Menschen Notstand in eindrucksvollen Szenen geschildert. Diesmal ist es eine Gestalt aus dem «Buch der Lebensverdienste», dem «Liber Vitae Meritorum». Wie sehr ein Mensch in seinem Widerspruch, in seiner Entfremdung, seinen ständigen Auseinandersetzungen mit der Welt und seinesgleichen herunterkommen kann, das zeigt die Gestalt des Vagabunden, der als ein leichtsinnig verbummelter Weltmann auftritt und auf sein gescheites Wesen pocht, das jedoch nur die Maske seiner kümmerlichen Existenz vorzustellen vermag.

Und ich sah eine weitere Gestalt, die wie ein junger Mann aussah, nur daß ihm die Kopfhaare fehlten. Auch hatte er das Gesicht und trug den Bart eines ganz alten Mannes. Er hing in einem ganz finsteren Tuche wie in einer Wiege, die vom Winde hin und her geschaukelt wurde. Kleider trug er nicht. Bisweilen aber streckte er sich aus diesem Tuche heraus, um sich dann rasch wieder darin zu verkriechen. Und sprach:

«Das wäre mir doch ein recht törichtes Verlangen, wenn ich immer nur an der gleichen Stelle und stets bei denselben Leuten verkehren sollte! Nein, überall möchte ich mich mal sehen lassen. Überall soll man bei jeder nur passenden Gelegenheit von mir hören. Wenn man mich so allerorts zu Gesicht bekommt, wird mein Ansehen nur wachsen. Wächst doch überall das Gras und geht doch so frei die Blüte daraus hervor. Wäre es bei den Menschen anders, welche Ehre hätten sie denn zu erwarten? Drum bin ich nun mal so, mit all meiner Gescheitheit und Gewitztheit, bin einfach da wie dieses Gras, komme in meiner Schönheit zur Blüte und zeige mich hier wie dort und überall so plastisch, wie ich nun einmal bin.»

Dieser heillosen Lebenshaltung, der «vagatio», antwortet nun die Stetigkeit, die «stabilitas», wie folgt:

«Wie blühendes Gras zu Heu wird, so wirst auch du bald mit all deinen Kunststücken dahinwelken, und wie über den letzten Dreck am Wege wird man über dich hinweggehn. Du hast die Worte der Vernunft wirklich noch nicht durchgesiebt. Wie eine Heuschrecke springst du da hin, hier her, dort hin. Wie Schneegestöber wirst du irgendwohin verwirbelt. Von der Speise der Weisheit hast du noch keinen Brokken gekostet, auch nicht den Trank der Diskretion genossen. Dein Leben gleicht den Vögeln ohne Nest und Heimat. Moder und Asche haften im Grunde an dir, und nirgendwo wirst du jemals zur Ruhe kommen.» (LVM 185/6; MV 223/4)

Diese beiden Gestalten, die sich aller Welt anbiedernde Figur des verbummelten Weltmannes und die ihr antwortende ausgeglichene Gemütsruhe der Beständigkeit, werden in der Folge nach der allegorisierenden Methode dieser Schrift weiter ausgeführt und beschrieben:

Die Gestalt bedeutet das Umherschweifen, das hier noch von der Spottsucht begleitet wird. Ein solcher Mensch läuft in sei-

ner Unbeständigkeit wie ein Vagabund daher, indem er alles, was recht geordnet ist, zur Maßlosigkeit verleitet und selbst Gott so behandelt, als ob es schließlich auch mit Ihm ein Ende haben müsse. Die Infantilität des äußeren Aussehens weist darauf hin, daß er weder das Himmlische mit Freude noch das Irdische in ernsthafter Besorgung bedenkt. Statt dessen berücksichtigt er im Kreislauf der Natur nur seinen eigenen leeren Wankelmut. Kein Ding nimmt er in Vorsicht und Vorhut, keines teilt er recht ein oder sinnvoll auf. Alle Dinge erledigt er vielmehr mit dieser seiner jungenhaften Unziemlichkeit.
Darum fehlen ihm auch die Kopfhaare. Greisenantlitz und Bart aber bedeuten, daß seine Gesinnung, im Überdruß befangen, ohne das Ehrgefühl eines besonnenen Verhaltens geblieben ist, obgleich er vor den Menschen den Anschein von Tüchtigkeit und Ehrbarkeit erwecken möchte, so wie sich dies für einen frommen Menschen geziemt. Die Finsternis aber, in der er in diesem Tuche wie in einer Wiege hängt, die vom Winde hin und her geschaukelt wird, weist darauf hin, daß Menschen mit diesem Laster in ihrer Vertrauenslosigkeit gelähmt und in ihrem Eigensinn gefesselt sind. Gleichwohl möchten sie geruhsam ihrer Bequemlichkeit frönen, auch wenn sie in den so vielseitigen und mannigfaltigen Eitelkeiten all der Weltdinge und auf der Jagd nach immer neuen Vergnügungen und Versuchungen nur ihre Zerstreuung suchen. Dabei finden sie weder einen rechten Anfang noch bringen sie etwas recht zu Ende, werden vielmehr in ihrem Wankelmut wie ein unruhiges Gewölk durcheinander gewirbelt. Überall suchen sie nur, und immer nur gehen sie irre. Überall sind sie auf der Jagd nach dem großen Unbekannten, und immer nur vermögen sie in fremde Behausungen einzubrechen.
Eine besondere Bekleidung findet man an dieser Gestalt

nicht. Denn diese Menschen verstehen es einfach nicht, sich mit der Ausgeglichenheit eines rechten Benehmens anziehend zu machen, stolzieren vielmehr immer nur in ihrer unsicheren Wankelmütigkeit einher. Bisweilen tritt diese Gestalt aus ihrem Tuche hervor, um sich dann wieder darin zu verkriechen. Das bedeutet, daß solche Menschen bald ihren alten Weg verlassen und sich zu größerer Ehrbarkeit aufzuraffen scheinen, um sich dann doch wieder in ihren Eigensinn zu vergraben, da sie keinem recht klarmachen können, was sie im Grunde eigentlich wollen. In ihre Eigenheiten verbohrt, bringen sie nur das zustande, was keine heilsame Ruhe und keine wahrhafte Sicherung einträgt. Suchen sie doch nur überall herumzuschweifen und ihre üblen Scherze anzubringen, wie dies die Gestalt mit obigen Redensarten deutlich macht.

Die ausgeglichene Gemütsruhe der Beständigkeit aber straft solches Verhalten Lügen und erinnert daran, daß ein aufrechter Mann, der gläubig nach ehrsamer Sicherheit strebt, sein Auge zu Christus erheben soll, um zu sprechen, wie geschrieben steht: «Zeige mir doch den, den meine ganze Seele liebt! Zeige mir, wo du weidest, wo dein Ruhelager über den Mittag ist, damit ich nicht anfange, in der Menge deiner Gefährten umherzuschweifen!» (Cant 1,6).

Dieses Wort soll so verstanden werden: Die Weisheit hat durch Salomons Mund dieses vorgetragen. Salomon aber, im Gefühl des Einklangs mit dieser Weisheit, sprach ganz in der Weise des Liebenden und wie zu einem Weibe. Ich aber, die Weisheit selbst, ich habe noch folgendes zu sagen: Damals, da habe ich mich aufgemacht und habe meinen Mantel ausgeschüttelt, um ihn mit Tausenden und Abertausenden von Tropfen köstlichen Taus zu durchtränken. Mit solch einem Geschenk aber zielt Gott geradeswegs auf den Menschen, und

Er rechnet ganz fest mit ihm. So laßt uns also ein Gespräch miteinander führen!
Wie Ich alles ordnete, da Ich das Rund der Himmel durchlief, so sprach Ich auch aus Salomon: aus der Liebe des Schöpfers nämlich zu Seinem Geschöpf wie auch des Geschöpfes zu seinem Schöpfer. Hat doch der Schöpfer Sein Geschöpf, so wie Er es schuf, dadurch geschmückt, daß Er ihm Seine große Liebe geschenkt hat. So war alles Gehorchen der Kreatur nur ein Verlangen nach dem Kusse des Schöpfers: Und alle Welt empfing den Kuß ihres Schöpfers, da Gott ihr alles schenkte, was sie brauchte. Ich aber, Ich vergleiche die große Liebe des Schöpfers zu Seinem Geschöpf wie auch der Geschöpfe zum Schöpfer mit jener Liebe und Treue, mit der Gott den Mann und das Weib zu einem Bunde zusammengab, auf daß sie schöpferisch fruchtbar würden. Wie die ganze Kreatur aus Gott hervorging, so hängt sie auch in ihrer Verbindlichkeit Gott an, und sie unternimmt nichts ohne Sein Geheiß. Auf dieselbe Weise schaut das Weib auf zu seinem Manne, um seine Anordnungen, ganz nach seinem Gefallen, aufzugreifen. Daher fühlt sich die Schöpfung zu ihrem Schöpfer hingezogen, wenn sie Ihm in allen Dingen gehorsam dient. Aber auch der Schöpfer ist mit Seiner Schöpfung im Bunde, wenn Er ihr die grünende Lebensfrische und die fruchtbare Lebenskraft spendet. Ganz schwarz würde die Welt werden, wenn sie sich in irgendeiner Verpflichtung dem göttlichen Geheiß entziehen wollte. Wohlgebildet aber erblüht sie, solange sie in der rechten Verbindlichkeit ihren Aufgaben nachkommt. Nur so allein bleibt in jeder Lage das Leben verantwortlich, und es gedeiht ein guter Ruf, weil alle Bedürfnisse wohl durchdacht und recht geordnet befriedigt werden.
Daher darf auch die Schöpfung in inniger Liebe zu ihrem

Schöpfer wie zu einem Geliebten reden, darf nach einer Weide verlangen, nach einer Heimat, die Er aus Seiner Fülle zu schenken gedenkt und die vom Geschöpf schöpferisch ausgebaut werden soll, damit es nicht länger in der Irre jenen Götzenbildern nachjage, die sich trügerisch den Namen einer Gottheit anmaßen. Dieses Gleichnis aber zielt im Grunde auf den Menschen. Ist er, der Mensch, doch das Inbild und die Fülle aller Schöpfung. In seinem innersten Seelengrunde verlangt er nach dem Kusse seines Gottes. Und so erlangt er Seine Gnade, wenn er mit innigstem Seufzen wünscht, von Ihm angezogen zu werden, um in Seiner milden Huld entschlossen seinen Weg zu gehen. Und wenn ihn auch die Schatten der Sünde umdüstern, so gibt die Reue ihm doch wieder seine ursprüngliche Gestalt zurück, so daß er heil und schön vor den Töchtern des himmlischen Jerusalem duftet. Treibt ihn doch das Verlangen, sich, sobald Gott ihn ruft, aus seiner Schuld zu lösen. Deshalb spricht er auch zu Christus, seinem Erlöser: Zeige Dich mir doch in der Schönheit Deiner Gebote, auf daß ich Dich mit ganzer Liebe festhalte in meiner Seele. Durch Deine Menschwerdung hast Du mich erlöst und durch Deinen Tod mich auferweckt, da Du Dein Weideland fandest in der jungfräulichen Natur, in der Du Fleisch angenommen hast, um durch sie alle Deine Werke zu vollenden. Und so duften sie wider voll von gutem Wohlgeruch im Garten aller Düfte. Denn die Demut Deiner Menschwerdung hat all Dein Werk durchtränkt, so wie der Tau vom Himmel zur Benetzung auf die Erde fällt. Zeige mir auch, wo Du Deine Ruhestätte hast, in der Grabstatt des Todes nämlich, wo in der Fülle des Glaubens die volle Sonnenglut, der Heilige Geist, die Gläubigen erfüllte, als in der Zeit von Deiner Auferstehung bis zur Himmelfahrt durch diesen Heiligen Geist das alte Gesetz zu weit größerer Tiefe umgewandelt wurde.

Und so laß nicht noch einmal meine Wege in jenem Irrgang enden, damit ich nicht abermals die Gebote des Alten Bundes zu laufen habe oder den Wegen der alten Philosophen nachgehen muß, die zwar auch mit Dir im Bunde waren, da sie durch göttliche Einhauchung alles, was sie zu sagen hatten, in höchster Weisheit hervorzubringen wußten. Ich will nicht noch einmal durch mein rohes Verhalten in jenes müßige Tun zurückfallen, mit dem ich mich doch nur wieder ein für alle Male vom Nutzen der Glückseligkeit trennen würde.

(LVM 196–198; MV 237–239)

Heilkunst als Heilskunde

Maria – mater medicinae
O lichte Mutter der heiligen Heilkunst,
durch deinen heiligen Sohn hast Salböl du
gegossen in Wund und Wehe des Todes,
den Eva uns gebracht zu unserm Elend.
Du hast vernichtet den Tod
und aufgebaut neues Leben.
Bitte für uns bei deinem Sohn,
du Stern des Meeres, Maria!
Du, Mittlerin des Lebens, Freude du voller Glanz,
du Süße aller Wonnen, an denen nichts dir fehlt.
Bitte für uns bei deinem Sohn,
du Stern des Meeres – Maria!
(Carmina, 4)

Ein Priester und Armenpfleger schreibt der Äbtissin Hildegard aus seinem Spital und bittet in einer persönlichen Krise um heilsamen Rat. Den Armen zu dienen habe er sich zwar verpflichtet; er sehe sich aber – seines unruhig aufgeregten Geistes wegen – kaum noch in der Lage, dieses sein Amt auszuüben. In dieser Situation wünscht er zu wissen, ob es nicht ratsamer sei, sich wieder ins Kloster einzuschließen, oder ob er in dieser Unruhe ausharren müsse. Die Seherin antwortet mit dem Gleichnis vom barmherzigen Samariter:

«Es ging ein Mann von Jerusalem nach Jericho.» Damit meint der Sohn Gottes den ersten Menschen. Als dieser verstanden hatte, daß er sündigen könne, traf er in freier Wahl seine Entscheidung. Der Verstand ist hier gleichsam der Mann, und die Wahl ist gleichsam die Frau; beide sind innig miteinander verbunden. Nach seiner Tat aber stieg Adam herab, dem Monde gleich, welcher abnimmt. «Und er fiel unter die Räuber.» Das bedeutet seinen Eigenwillen, der ihn betrog, wie auch ein Räuber die Menschen hinterlistig berückt, bis er sie fängt. «Diese zogen ihn aus», beraubten ihn all seiner Herrlichkeit, die er im Paradies hatte. So gelangte der Mensch in die Entfremdung, bis der göttliche Samariter ihn wieder aufhob. «Dieser goß Öl und Wein in seine Wunden», das Öl Seiner Menschwerdung, das dem Wein, der Bußgesinnung des Sünders, entgegenkam. «Dann hob er ihn auf sein Lasttier, führte ihn in die Herberge und sorgte für ihn.» Sein Leib ist das Lasttier, mit dem Er den Menschen auf Seinen Schultern trug. So durch die Menschwerdung verbunden, konnte der Mensch in aller Kreatur seinen Gott erkennen. Und Gott gab dem Menschen die ganze Welt zur Wohnung, wie eine Herberge, und Er führte ihn selber in diese Herberge, als Er ihn durch Sein Leiden frei machte von der Schuld und in Mitleid und Buße Sorge für ihn trug.

«Des anderen Tags zog er zwei Denare heraus und gab sie dem Wirte.» So legt Gott allen seinen Jüngern auf, ebenso zu handeln, wie Er getan, und zu wirken, wie Er gewirkt. Du aber, Verwalter Gottes, tue desgleichen, und hüte dich, daß dein Sinn verdunkelt werde und ohne Sonne, Mond und Sterne sei. Blicke auf jenen wahren Samariter, und handle in dem Dienste, in dem du von deinem Meister angesetzt worden bist, genau so, wie Er getan hat. Denn es gefällt Gott, daß den Dürftigen Barmherzigkeit gespendet wird. (PL 363–365)

Mit diesem Gleichnis fällt ein grundsätzliches Licht auf die mittelalterliche Heilkunde. Krankheit wird nicht als ein pathogenetischer Prozeß beschrieben, sondern eher als Unterbleiben und Versagen, als ein «modus deficiens», während Gesundsein als produktives Geschehen gedeutet wird, als «creatio continua», eine permanente Zeugung aus dem lichten Grün der «viriditas». Deshalb besteht auch das Ethos des Arztes nicht im Sanieren, sondern in der Barmherzigkeit, die man einem notleidenden Menschen entgegenzubringen bereit ist. In der Situation der Not ist es die Hilfe, die von der Barmherzigkeit getragen wird. Es ist die Gestalt der «Barmherzigkeit», die denn allein auch der Erscheinung der «Herzenshärte» die gebührende Antwort zu geben vermag.

Eine weitere Erscheinung ballt sich vor unseren Augen wie ein dichter Rauch zusammen und ward zu einer menschlichen Gestalt. Menschliche Glieder besaß sie jedoch nicht. Nur große schwarze Augen glotzten aus ihr heraus. Sie ging nicht vorwärts, nicht rückwärts, bewegte sich weder nach rechts noch nach links, verharrte vielmehr völlig regungslos in der sie umgebenden Finsternis. Und sprach:
«Ich habe nichts hervorgebracht und auch niemanden ins Dasein gesetzt. Warum sollte ich mich um irgend jemanden bemühen oder gar kümmern? Sowas werde ich schön bleiben lassen! Ich stürze mich für keinen mehr in Sorge, als auch er mir nützlich ist. Gott, der das alles geschaffen, der soll auch schön dafür gradestehen und für sein All sorgen. Würde ich auch nur einen Ton von mir geben und mich noch so winzig in die Angelegenheiten anderer einmischen, was würde das mir nützen? Ich würde ihnen weder etwas Gutes noch auch Böses damit antun. Würde ich nämlich immer nur so im Mitleiden schwimmen, daß ich rein gar nicht mehr zur Ruhe

käme, was würde dann noch von mir selber übrig bleiben? Was für ein Leben müßte ich führen, wenn ich auf alle Stimmen der Freude oder der Trauer eine Antwort finden müßte! Ich weiß jedenfalls nur von meiner eigenen Existenz; möge auch jeder andere wissen, wo er selber ist!»

Und wiederum hörte ich aus der Wolke eine Stimme, die dieser Gestalt folgende Antwort gab: «O du ganz und gar versteinertes Wesen, was behauptest du denn da? Die Kräuter bieten einander den Duft ihrer Blüten; ein Stein strahlt seinen Glanz auf die anderen, und jedwede Kreatur hat einen Urtrieb nach liebender Umarmung. Diese ganze Welt steht ja dem Menschen zu Diensten, und in diesem Liebesdienst legt sie ihm freudig die Güter ans Herz. Du aber bist nicht wert, auch nur die Gestalt eines Menschen zu haben. Nur ein grausamer Blick geht unbarmherzig von dir aus. Ein bitterböser Rauch bist du in der Bosheit Schwärze.

Ich aber, die Barmherzigkeit (misericordia), ich bin in Luft und Tau und in aller grünenden Frische ein überaus liebliches Heilkraut. Übervoll ist mein Herz, jedwedem Hilfe zu schenken. Ich war schon zugegen, als das ‹Es werde!› erscholl, aus dem alle Welt hervorging, die nun dem Menschen zur Verfügung steht. Dir aber ist jenes heilsame Wesen verschlossen, während ich mit liebendem Auge alle Lebensnöte berücksichtige und mich so mit allem verbunden fühle. Den Gebrechlichen helfe ich auf und führe sie zur Gesundung. Eine Salbe bin ich für jeden Schmerz, und meine Rede ist recht und billig, während du ein so bitterer Rauch bleibst!»

(LVM 12/13; MV 33/34)

Der Heilige Geist ist Quelle des Lebens,
Beweger des Alls,
Wurzel alles geschaffenen Seins.
Er läutert das All von allem Fehl.
Geist tilgt die Schuld, Geist salbt die Wunden.
Geist ist leuchtendes Leben, lebendiges Lob,
auferweckend das All und alles wiedererweckend.
(Carmina, 15)

Wege der Heiligung

Alle Welt – alle Natur wie alle Geschichte – ist mit dem Menschen auf dem Wege zum Heil. Ein letztes Mal geht Hildegard von diesem machtvollen Bild ihrer Vision aus, das den Mann Gottes inmitten der Welt zeigt, sein Auge aufmerksam auf die verschiedenen Weltgegenden gerichtet:

Der Mann wendet sich nun nach Osten, den Blick gen Ost und Süd gerichtet, weil Gott zu Anbeginn der Welt Seine Geschöpfe einer strahlenden Sonne gleich aufgehen hieß. Er ließ sie nicht allein ans Licht treten, sondern ließ sie sich auch zu ihrer Vollendung hin – gleichsam im Süden – immer weiterentwickeln. So hat Er auch den Menschen, der zwar einen guten Anfang nahm, nachher aber ins Elend stürzte, nicht nur zu seinem Ursprung wiederhergestellt, sondern ihm eine noch höhere Weihe mit den Kräften der Heiligkeit verliehen. Daß aber sein Antlitz in solcher Herrlichkeit strahlt, daß du ihn nicht voll und ganz anzuschauen vermagst, das bedeutet, daß die Heilige Gottheit in aller Güte und Gerechtigkeit so brennend und licht ist, daß niemand sie zu durchschauen vermöchte. Denn außer Gott gibt es keinen Gott. Ihm kommt niemand in seinem Wirken gleich. In allen Wundertaten ist Er Gott allein: Seine Werke sind, wie Er selber, nicht zu fassen. Er ist jenes Feuer, aus dem die Engel brennen und leben; jene Herrlichkeit ist Er, aus der alle Geheimnisse kommen und die in sich das wunderbare Leben haben, das in Gott west. Diese Wunderwerke – im Himmel, auf Erden, im Abgrund – können ihrer Zahl nach nicht einmal genannt werden.

Vor dem Mund des Mannes ballt sich eine blendendweiße Wolke zu einer Art Posaune zusammen. Denn dem Willen Gottes gesellt sich Seine liebreiche Anordnung, die alle Geschöpfe umfängt, in der gleichen Weise bei, wie der Schall aus der Posaune hervorgeht. Denn der Anordnung Gottes gehorcht alles auf das genaueste, das Vernünftige und das Unvernünftige, und jedes in der Fülle der Unterwürfigkeit. Alle Geschöpfe tun dies zu Seinem Lob und Ruhm, weil Gott das alles gemacht hat. Gott ist ja die Güte, und alles, was von Ihm kommt, ist gut.

Sobald dieser Mann nun in die Posaune bläst, entsendet sie drei Winde. Denn Gott ließ aus der tiefen Ordnung Seines Willens und Seiner Geheimnisse die drei Wege der Gerechtigkeit innerhalb einer dreifachen Ordnung der Seligen hervorgehen.

Der erste Wind trägt eine Feuerwolke, der zweite eine Sturmwolke, der dritte eine Lichtwolke über sich, und zwar dergestalt, daß jene Winde diese Wolken festhalten. So trägt der erste Weg der Gerechtigkeit gleich einer Feuerwolke die Glorie der Engel, die in Liebe zu Gott brennen und nichts anderes wollen, als was Gott will. Der zweite Weg trägt gleich einer Sturmwolke die Werke der Menschen. Er ist stürmisch

aufgewühlt und widerspruchsvoll in allerhand Ängsten und Drangsalen. Der dritte Weg hält einer Lichtwolke gleich die blendendweiße und unversehrte Jungfräulichkeit in der Menschwerdung des Herrn. All dieser Winde Grundlage ist die Gerechtigkeit, und sie hält sie alle hoch in der Seligkeit.
Denn Gott, der im Geheimnis Seines Wollens alles angeordnet und ins Dasein gerufen hat, Er festigte auch den Geist der Himmelsbürger in aller Rechtschaffenheit. Den Menschen aber, der seinen wirren Werken verfiel, hielt er besonders fest, damit er nicht gänzlich zugrunde gehe. Durch die unversehrte Menschwerdung und im Lichte der Jungfräulichkeit vertrieb Er die Werke der Finsternis und zeigte wieder auf, was rechtens ist. Die Engel nämlich blieben ihrer Liebe zu Gott treu, während der Mensch nach seinem Abfall von Gott durch die heiligen Werke erst wieder zur früheren Herrlichkeit zurückversetzt werden muß, weil alles, was heiligmäßig gewirkt wird, auch den Menschen selber heilig macht. Noch müssen sich ja die Heiligen unter der Last des Fleisches mühen. Nach dem Jüngsten Tag aber werden sie jubeln in einhelligem Wohlklang. Jetzt noch fesselt das Fleisch den Geist im Leibe, dann wird der Geist sich seinen Leib unterwerfen; und so wird der Mensch als Ganzes heilig sein.
Der Wind indes, der die Feuerwolke über sich hält, bleibt vor dem Antlitz des Mannes stehen. Denn die Gerechtigkeit hält den Ruhm der Engel, die da brennen in der Liebe zu Gott, in den Höhen fest, und sie dauert an im Wollen und in der Glorie Gottes. Schauen doch die Engel immerdar Sein Angesicht! Immerfort stehen sie bereit zu Seinem Wink, und niemals weichen sie ab von ihrem Gott.
Die beiden anderen Winde senken sich mit ihren Wolken zur Brust des Mannes hinunter und wollen dort in die Breite. Die Gerechtigkeit begleitet den Menschen nämlich auf beiden

Wegen, dem des Alten Bundes wie dem der Menschwerdung des Gottessohnes. Sie steigt mit den guten Taten der Menschen zur Tiefe der Weisheit Gottes hinab. Dort wallt sie in zahlreichen wunderbaren Werken in die Breite, da Gott die Werke der Heiligen kennt und keine ihrer Taten vergißt. Er sammelt sie vielmehr im Geheimnis Seines Ratschlusses zur ewigen Vergeltung und weitet sie aus zu nimmer endenden Lobgesängen Seines Ruhmes. (LVM 24–25; MV 46–48)

Auf diesem wunderbaren Wege zur Wiederherstellung begleiten den Menschen die Engel, jene machtvollen Wesen, die der Psalmist mit urhaften Naturgewalten verglichen hat. Wie spiegelnde Wasser sind die Engel, in denen Gottes Wort aufrauscht, so wie es im Psalm geheißen hat:

«Erhoben haben sich die Ströme, o Herr, erhoben haben die Flüsse ihr Brausen. Es erhoben die Ströme ihr Fluten aus dem Tosen vieler Wasser» (Ps 92,3–4). Dieses Bild will so verstanden sein: O Herr aller Welt, im Eifer für Dich sind die Geister der Engelwelt aufgebrochen. Wie Sturzfluten gossen sie ihre Kräfte aus, Deine Feinde zu ersäufen. Und wiederum erhob sich das Heer der Geister zur Höhe in brausender Kraft und ließ Gott die Stimme unerschöpflichen Lobpreisens entgegenschallen. Wie Ströme lebendigen Wassers sind der Engel Schlachtordnungen. Der Sturm des Geistes Gottes bewegt sie zum Ruhme eigenen Preisens, da diese Stimmen den Kampf gegen den schwarzen Drachen aufgenommen.
Michael war es, der im Aufschrei der Scharen nach Gottes geheimem Ratschluß jene Schlange durchbohrte, weil sie die Herrlichkeit Gottes von sich aus erkennen wollte. Mit Gottes Macht stürzte er sie in den Sumpf der Hölle, die ohne den Widerstand irgendeines Grundes ist. Und mit ihr fielen ihre Anhänger, die dem Teufel wie einem Meister zugestimmt hatten. Er aber ward stärker bestraft als jene, da er auf nie-

manden anders denn auf sich selbst blicken wollte, während jene nur auf ihn gehört hatten.
Nach dem Sturze des alten Feindes stimmten die himmlischen Chöre Gottes Lob an; denn ihr Widersacher war nun gefallen. In diesem Augenblick erkannten die Engel die Wundertaten Gottes in noch größerem Glanz, als sie diese vorher erschaut hatten. Sie erkannten auch, daß eine solche Geisterschlacht nie mehr im Himmel toben und daß niemand mehr aus dem Himmel fallen würde. Im Spiegel der lauteren Gottheit sahen sie aber auch, daß die Zahl der gefallenen Geister durch gebrechliche Gefäße ergänzt werden sollte. Im Jubel darob, daß sie die Zahl der Gefallenen derartig wiederhergestellt wußten, vergaßen sie den Fall selber, als wäre er nie gewesen.
Gott, der Allmächtige, hat nun, wie es Seiner Ehre gebührt, die himmlische Heerschar auf verschiedene Ordnungen festgesetzt. Die einzelnen Ordnungen sollten je besondere Dienste ausüben. Eine jede sollte dabei spiegelhaft das Siegel für je eine andere sein. In jedem dieser Spiegel leben besondere göttliche Geheimnisse, die jene Ordnungen nicht vollständig erschauen, die sie nicht wissen, nicht verstehen, nicht vollends einfangen können. Und so steigen sie anbetend auf von Lobpreis zu Lobpreis, von Herrlichkeit zu immer größerer Herrlichkeit, und so sind sie immer neu, da sie dabei nie an ein Ende zu kommen vermögen. Sind sie, die Engel, doch Geist und Leben aus Gott. Daher können sie auch niemals im göttlichen Lobpreis ermatten. Immerfort schauen sie an die feurige Herrlichkeit Gottes. Aus der Gottheit Herrlichkeit erglühen sie wie eine Flamme. (LDO 960/1; WM 248/9)

Denn Gott ist der Weg und ist die Wahrheit. Er hat im Geheimnis rechtmäßiger Ordnung alle Zier des Firmaments mit den wunderbaren Aufwallungen der Gewässer eingerichtet und mit dem wundervollen Aufwogen des Meeres die Schönheit des Firmamentes durchtränkt. Nach dem Urbild der himmlischen Mysterien hat Er all das im Gleichnis eines Spiegels angeordnet. Wie ein Schatten im Spiegel nichts ohne seine Figur vermag, so vermag auch die Zierde des Firmaments nur durch die himmlischen Mysterien zu wirken. Des Firmamentes Schönheit strahlt nur wider von den hohen Geheimnissen, so wie ein Strahl vom Feuer ausgeht, da das Feuer der Stoff des Strahlens ist. Der Strahl dringt durch, das Feuer bleibt. So vergeht auch die Zierde des Himmels, indes der Himmel Harmonien bleiben und dauern.

Und so ist Er der Herr, wunderbar in des Himmels Höhe: Wunderbar auch gleichen dem Aufwogen des Meeres die Menschen, wenn sie, die sonst in ihrem Wankelmut hierhin und dorthin strömen, vom Feuerbrand des Heiligen Geistes erregt werden und sich vom Irdischen zum Himmlischen erheben. So wunderbar ist in den Höhen Seiner Kraft der Herr, wenn Er diese Menschen zum Guten festigt, so daß sie sich aus dem Sumpf ihrer Laster erheben können. Daher heißt es in der Schrift: «Er hat gefestigt den Erdkreis, der nicht mehr erschüttert wird» (Ps 92,2).

Dieses Wortes Sinn will so verstanden sein: Gott erfüllte mit dem vollen Werk den Umkreis des Weltalls, auf daß es nicht erschüttert werde. Wäre die Welt nicht von den Geschöpfen ausgefüllt, so könnte sie, durch die Leere getroffen, in eine chaotische Bewegung geraten. Jedes Geschöpf füllt so seinen Platz aus, indem es seine Funktion erfüllt. Seine Wunderwerke aber wirkt Gott im Menschen, dem Er den Erdkreis für seine leiblichen Bedürfnisse anvertraut hat. Gott hat so Seine Werke in Treue vollendet. Er hört nicht damit auf, bis daß die Zahl Seiner Auserwählten inmitten der himmlischen

Harmonie der Engel aufgefüllt ist. Gottes Angesicht schwebt über dieser Harmonie, die nie zu Ende gehen kann.
Und sie heißen «Himmel», die da Gott schauen –, und «Himmel», die Ihn weissagen. Der Himmel war es auch, als der Sohn Gottes sich in Seiner Menschheit zeigte. «Himmel» werden jene Engel genannt, die aus dem Leuchten von Gottes Angesicht wie Funken vom Feuer heraus strahlen und durch die Gott alle Seine Feinde überwunden hat. Als Gott aber den Himmel und die Erde erschuf, da setzte Er mitten in das Weltall den Menschen. Der Mensch sollte als ihr Herr über alles das verfügen. Diese Mittlerstellung bezieht sich auf jene Mitte, in der der Sohn Gottes mitten im Herzen des Vaters weilt. Und wie ein Entschluß aus dem Herzen des Menschen kommt, so kam auch der Sohn aus Gott, dem Vater. Denn das Herz hat seinen Entschluß, und der Entschluß sitzt im Herzen: beide sind nur eines, und dort ist keine Unterscheidung mehr möglich. (LDO 991/2; WM 274/5)

Die Zeichen der Zeit

Unter dem Siegel der göttlichen Eingebung bezieht die Seherin Hildegard ständig Stellung zu den Erscheinungen der Zeit, wendet sich gegen ein «weibisches Zeitalter», in dem das Geld des Todes in höllischer Tyrannei die Welt regiert, in dem Heuchler einen kalten Frieden hinausbellen, während sie zum Kriege rüsten, in dem die Welt, die in den letzten Zügen liegt, sich nur noch in Zerstreuungen austobt. Das ist eine wahrhaft kranke Welt vor den anklagenden Augen des großen Arztes, vor «Christus Medicus».
Es ist die Zeit, in der Hildegard auf ihren Kreuzzug zieht, um die Irrlehrer ihres Jahrhunderts vor die Schranken zu fordern, wo sie – die Frau und Nonne – auf den Marktplätzen der großen Städte, in Köln oder in Trier, vor den Konventen der Klösterauftritt, um gegen die Sekte der Katharer

zu predigen. Katharer, das sind die «Reinen», die sich schämen, von einer Mutter geboren zu sein, die glauben, das Reich des Geistes sei bereits im Anbruch. Ihnen hält Hildegard die wirkliche Welt entgegen, eine konkrete Schöpfung und damit das natürliche Arbeitsgebiet des Menschen: eine leibhaftige Welt aus dem Geiste! Nach Hildegards öffentlichem Auftreten in Köln war die dortige Geistlichkeit mehr als betroffen darüber, «daß Gott am Mitgliede eines so schwachen Geschlechts solche Wunder Seiner Geheimnisse zu wirken vermöge»; sie tröstet sich damit, daß der Geist ja wehe, wo er wolle, selbst in einer Frau, und sie bittet nun um eine schriftliche Wiederholung dieser so eindrucksvollen Bußpredigt. «Wir haben daher – wie es heißt – die Bitte, daß du dasjenige, was du uns früher mündlich gesagt, noch einmal schriftlich mitteilen wollest, weil wir in unserer fleischlichen Gesinnung das Geistige weder sehen noch hören und so leicht aus Vernachlässigung in Vergessenheit fallen lassen.» Hildegard, damals schon die «prophetissa teutonica», gibt ihre Antwort in einem längeren Schreiben!

«Der da war, der da ist, und der kommen wird» (Apok 1), spricht zu den Hirten der Kirche wie folgt: Ich habe das Firmament mit all seinem Schmuck festgelegt, und es mangelt an nichts. Hat es doch gleichsam Augen zum Sehen, Ohren zum Hören, die Nase zum Riechen und den Mund zum Schmecken. Denn die Sonne ist ja wie das Licht ihrer Augen, der Wind wie das Gehör ihrer Ohren, die Luft wie ihr Riechen und der Tau, der aus dem Grünen träufelt, wie der Hauch des Mundes. Auch zeigt der Mond der Gezeiten Zeit an und ist ein Hinweis auf der Menschen Wissen. Die Sterne bekunden in ihrem Kreislauf eine gewisse Vernunft, wie ja Vernunft überhaupt so vieles zu fassen vermag. Vierfach habe Ich die Angeln der Welt gefestigt: mit Feuer, Wolken und Wasser, um damit alle Enden der Erde wie Adern zu verflechten. Die Steine habe Ich mit Feuer und Wasser gleichsam wie Knochen durchfeuchtet, und die Erde habe Ich mit Feuchte und Grüne wie das Mark des lebendigen Organismus gefestigt.

So ist alles fest eingerichtet, und es fehlt an nichts. Hätten nämlich die Wolken kein Feuer und Wasser, so verfielen sie wie Staub. Und würden die übrigen Gestirne nicht ihr Licht von der Sonne nehmen, so könnten sie nicht durch die Wasser funkeln, sondern wären blind. Dies alles sind auch die Werkzeuge im leibhaftigen Aufbau des Menschen, der im Tasten, im Küssen und im Umarmen begreifen kann, wie alles ihm zur Verfügung steht im Kontakt mit der Welt, in deren Umgang er sein edles Amt auszuüben pflegt. Würde der Mensch nämlich nicht die Fähigkeit zu alledem besitzen, so könnte die Welt nicht sein Partner sein. So aber lebt die Welt mit dem Menschen, und der Mensch lebt in und mit ihr.

Ihr aber, meine geliebten Söhne, die ihr Meine Herde weidet, berufen von der Stimme des Herrn, warum schämt ihr euch nicht, wenn ihr wahrnehmt, wie alle übrigen Geschöpfe die Gebote, die sie von ihrem Herrn erhielten, nicht vernachlässigen, sondern ausführen? Habe Ich euch doch gleich der Sonne und den übrigen Gestirnen eingesetzt, damit ihr den Menschen in der Glut der Lehre leuchtet, damit ihr glänzt im guten Ruf und die Herzen zum Entflammen bringt...! Eure Zungen aber, sie sind stumm beim laut dröhnenden Posaunenschall der Stimme des Herrn. Ihr begehret nicht die heilige Vernunft, die sternengleich ihren eigenen Kreislauf hat.

Ihr seid Nacht, die Finsternis atmet, ein halsstarriges und faules Volk, das vor lauter Wohlstand nicht mehr im Lichte wandelt. Wie eine nackte Schlange sich in ihre Höhle verkriecht, so begebt ihr euch in den Gestank des niederen Viehs. Und doch solltet gerade ihr der Berg Sion sein, ein Ort, wo Gott wohnt. Das gerade aber seid ihr nicht... Ihr schaut nur auf das, was ihr selbst produziert habt, und begutachtet alles Tun nach eurem Gutdünken. Ihr tut das und laßt das, was euch grad gefällt! Und so laßt ihr euch durch jeden daherfliegenden weltlichen Namen gleich lahmlegen: Bald seid ihr Soldaten, bald Knechte, bald Possenreißer! Mit eurem leeren Getue aber verscheucht ihr bestenfalls im Sommer einige Fliegen.

Kraft der Lehre heiliger Schriften, die im Feuer des Heiligen Geistes verfaßt wurden, solltet ihr die Eckpfeiler im machtvollen Bau der Kirche sein, um diese zu stützen, wie jene Eckpfeiler, die der Welt Enden zusammenhalten. Allein ihr seid zu Boden geworfen und seid kein Halt für die Kirche mehr, entflieht vielmehr in die Höhle eurer Wollust. Gebunden an die Interessen von Geld und Eitelkeit, unterweist ihr eure Untergebenen nicht und erlaubt nicht einmal, daß sie bei euch Belehrung suchen, mit der faulen Ausrede: «Wir können doch nicht alles tun!» Und so zerstreuen sich die Menschen und handeln in allem nach ihrem Willen. Ihr solltet eine Feuersäule sein und zur Zucht greifen! Allein ihr täuscht euch nur selbst mit der Ausrede: «Wir kommen doch nicht mehr an gegen diese Welt!» Und so spottet die Welt denn über euch mit dem Psalmisten: «Da taumeln sie hin und wanken wie Trunkene, und alle ihre Weisheit ist weg!» Wenn ihr aber behauptet, keine Zeit zu haben, um euren Mund wirklich einmal aufzutun, und wenn ihr meint, es sei nicht mehr an der Zeit, wie früher noch Gehör zu finden, dann kann ich euch nur sagen: Auch Abel hat, bei allem Haß seitens seines Bruders, sein Amt und seinen Auftrag niemals im Stich gelassen...

Da Gottes Wort aber Fleisch angenommen, hat es Gott auch gefallen, daß alle die Ordnungen der Engel, die den Menschen namentlich bekannt sind, im geistlichen Volke auf geistliche Weise bezeichnet würden, in den Priestern und Bischöfen nämlich wie auch in geistlichen Orden. Damals ging die Kirche mit diesen Geistlichen wie eine wahre Morgenröte auf...

Ich aber, der Ich bin, rufe denen zu, die auf Mich hören: Zu dieser Zeit, wo das alles geschieht, wird ein irrendes Volk über euch herfallen, um euch zu stürzen... Warum also halten sich solche Leute noch bei euch auf? Warum duldet ihr die unter euch, welche die ganze Welt mit ihren Schändlichkeiten besudeln? Da treten doch Leute auf, die – verführt von den Einflüsterungen des Alten Feindes – sich aller fleischlichen Genüsse enthalten wollen. Daher begehren sie keine Frauen, wenden sich vielmehr von ihnen ab. Scheinheilig bauen sie sich vor ihren Mitmenschen auf und behaupten mit täuschenden Wendungen: «Alle die anderen Menschen, die vor uns ein keusches Leben führen wollten, dörrten aus wie ein gerösteter Fisch. Uns aber wagt keine fleischliche Befleckung oder auch nur Begierde zu berühren, weil wir heilig sind und vom Heiligen Geiste durchflutet. Bah, was sind das für törichte Leute, die heute leben, nicht wissend, was sie tun, wie auch alle die, die vor uns gelebt haben!» ... Auf diese Weise angeln sie sich die Frauen und fangen sie ein in ihren eigenen Irrtum. Im Hochmut ihres aufgeblähten Geistes behaupten sie: «Wir übertreffen doch alle!» Hintenherum aber vergnügen sie sich insgeheim mit jenen Weibern in Wollust. So kommt ihr verdorbenes und sektiererisches Wesen doch noch offen an das Licht des Tages.

Gott aber hat schon Sein ganzes Werk in Adam vorgesehen, dessen Knochen und Fleisch Er aus Lehm gebildet und dem Er den Odem des Lebens eingab. Und wenn auch der Geist wieder vom Menschen hinweggeht, so daß sein Fleisch in Asche verfällt, so wird er doch am Jüngsten Tag erneuert werden... Denn Du, o Gott, der alles geschaffen, Du entsendest am Ende der Welt Deinen Geist in machtvollem Klang, und die Menschen werden sich zur Unsterblichkeit erheben, zu einem Leben, wo nichts mehr wächst noch verdorrt noch der Fäulnis verfallen kann. Und so wirst Du das Antlitz der Erde erneuern. Leib und Seele werden in einmütigem Wissen und in einhelliger Vollendung existieren. Das wird Gott tun, in dem weder Anfang noch Ende ist. Denn Gott braucht auf nichts Rücksicht zu nehmen, weil Er selber das Ganze ist. Dieser Gott schuf den Menschen, in den Er Sein Werk und Seine Wunder legte und dem Er den Aufbau der Tugenden anvertraut hat und alles Streben nach ihnen. Solches hat Gott gar sehr lieb, weil Er die Liebe ist. Und Gott handelte genau so wie ein Familienvater, der einem Familienfreund seine Güter anvertraute, um sie mit allem Verdienst wieder zurückzuerhalten. (PL 244–253)

Gesang auf einen Heiligen

Die Taube blickte durch des Fensters Gitter,
als Balsamduften vor ihr aufflog
von Maximin, dem leuchtenden Manne.

Der Sonne Glut entbrannte
und machte alles Dunkel licht:
Da strahlte auf ein Edelstein
im reinen Tempel eines gütigen Herzens.

Da steht er nun: ein hoher Turm,
erbaut vom Holze des Libanon aus Zypressen,
geschmiedet mit Sardis und Hyazinth,
steht da wie eine Stadt,
die alle Kunst der Künstler überragt.

Gelaufen ist er wie der schnelle Hirsch
zum Quell von reinstem Wasser,
das quillt aus festestem Gestein
und tränkt nun süße Kräuter…

In eurer Mitte leuchtet dieser Meister,
ein Pfeiler dieses Tempels.
Er sehnte sich mit Adlersschwingen;
er ward genährt mit Weisheit...

Du Maximin, bist Berg und Tal,
du ragst als hoher Bau nun hier wie dort,
da wo der Steinbock mit dem Elefanten zog
und wo die Weisheit weilte voller Wonne...
(Carmina, 76)

Aufbau der goldenen Stadt

Jerusalem, du goldne Stadt,
geschmückt mit königlichem Purpur!
O Bauwerk voll Vollkommenheit,
Licht bist du, das niemals dunkelt!
Du strahlst da auf im Morgenrot,
geschmückt im Glanz der Sonne!
Jerusalem, die Fenster dein mit Topas und Saphir
geziert sind wunderbar!
O Jerusalem! Dein Fundament, es ward gebaut
aus verworfenen Steinen, aus Zöllnern und Dirnen,
den verlorenen Schafen allen,
die zu dir eilten, da Gottes Sohn sie fand,
um eingefügt zu werden in deinen Bau.
Nun blitzen deine Mauern auf mit Steinen, die leben,
die durch den Eifer ihres guten Wollens
hoch dahinflogen wie Wolken am Himmel.

Da erstrahlen deine Türme wie Gold nun, Jerusalem,
und schimmern in schneeigem Weiß,
im Glanz deiner Heiligen, erfüllt
von allen Herrlichkeiten Gottes,
die nunmehr dein sind, Jerusalem!
(Carmina, 37)

Mit immer gewaltigeren Bildern erbaut sich in den Visionen der Seherin die vielgeliebte «Goldene Stadt», Symbol der Endzeit, Sinnbild des ewigen Lebens im himmlischen Jerusalem.
Die Stadt wird zum Sinnbild der Heilsgeschichte. Gottes Sohn kam in die Welt und setzte das Heilige ins Werk. Der dramatische Weg dieser Geschichte geht seinem Ende und das heißt für Hildegard Gericht und Rettung entgegen. Die Gemeinschaft der Menschen wird vollendet in der «aedificatio ecclesiae». Alles das wird gezeigt im Bild einer Stadt.

Und wiederum schaute ich eine gewaltige Stadt: Sie war im Viereck angelegt und von einem besonderen Glanz, aber auch mit Finsternissen ringsum wie von einer Mauer umgeben. Auch war sie mit Hügeln und sonstigen Gestaltungen geschmückt. Inmitten der östlichen Gegend erblickte ich einen gewaltig herausragenden Berg aus ganz hartem und hellem Gestein. Wie ein feuerspeiender Berg stand er da, von dessen Gipfel ein Spiegel aufleuchtete, und zwar mit solcher Helligkeit und Lauterkeit, daß er der Sonne Glanz zu überstrahlen schien. In dem Spiegel erhob sich eine Taube mit ausgebreiteten Schwingen, als wolle sie auffliegen. Der Spiegel selber aber barg zahlreiche Geheimnisse in sich ...
Nach Süden hin erschien nun im gleichen Glanze eine Wolke, obend leuchtendweiß und unten ganz schwarz. Auf ihr erglänzte eine große Schar von Engeln, von denen einige wie Feuer, andere klar leuchtend, die dritten wie Sterne strahlten. Sie alle wurden von einem Windhauch wie brennende Leuchten bewegt. Auch waren sie voll von Stimmen, die ertönten wie das Brausen des Meeres. Jener Wind ließ mit Zornesgewalt seine Stimme erschallen und entfesselte damit ein Feuer gegen die geschilderte Schwärze der Wolke. Da entbrannte jene Wolke ohne Flamme und schlug auf die Schwärze ein. Und so jagte er die sich rasch auflösende Wolke

vom Süden über den Berg hinweg gen Norden zu und in einen unermeßlichen Abgrund hinein.
Und ich hörte Posaunen vom Himmel erschallen und tönen: Was ist doch das, das bei aller Stärke seiner Eigenkraft nun so verfallen ist! Und alsbald erstrahlte der weiße Teil der Wolke insgesamt noch herrlicher als zuvor. Dem Winde aber, der mit seiner dreifachen Stimme die Schwärze dieser Wolke verjagt hatte, konnte keiner mehr widerstehen...
Auf diese Weise hat Gott in Seiner Vorausschau alles gewußt und alles geordnet. Die Stadt im Rechteck bedeutet das feste Werk der göttlichen Bestimmung. Licht und Finsternis weisen auf die Gläubigen und Ungläubigen hin. Der feuerspeiende Berg deutet auf Gott in der Kraft Seiner Gerechtigkeit. Die Taube über dem Spiegel ist Hinweis auf die Schöpfungsordnung Gottes in Seiner Vorsehung. Aus dem Spiegel aber strahlen Gottes Werke wunderbar heraus und leuchten über die Lichtflut der Wolke...
Das Rauschen des Meeres bedeutet dabei die Fülle des Lobes der Schöpfung von Mensch und Engel. Die verlorenen Geister aber verneinten den Glanz und das Lob des Schöpfers. Deshalb sind sie verloren und so leer wie ein Fetzen Papier, das nicht beschrieben ist und die Ehrung der Schrift nicht mehr auf sich trägt. In sie fährt nunmehr der Sturmwind der guten Engelscharen und macht die Bilder und Zeichen offenkundig... (LDO 955–958; WM 245–247)

Denn das Leben lag verborgen inmitten der Allmacht und verharrte im Schweigen, bis die leuchtendweiße, so lange umdunkelte Wolke erstrahlte. Da brach das Morgenrot auf und umflutete die Sonne. Diese aber sandte ihre Strahlen aus und erbaute eine gewaltige Stadt. Zwölf Lichter führte sie herauf und brachte im dritten Teil des Schlafs jene, die im tiefen Schlummer schliefen, zum Erwachen. Davon erröteten alle Adler, die in der leuchtendweißen Wolke hausten und auf das Opfer der Tafelschrift blickten, da nun diese Sonne den Spiegel der Heiligkeit im Augenblick des Ruhmes aufzeigt.

Da erschien die neue Welt im Feuer, eine Welt, die aus den Wassern strömte. Berge und Hügel lagen davon übergossen. Und der ganze Kosmos singt der Engel Lied. Jedes Auge, das sehen kann, erschaut das höchste Licht im wahren Glauben. Denn Gottes Sohn kam in die Welt und setzte alles das ins Werk, um den Gläubigen in Seiner Person den rechten Weg zu zeigen. So hat dies David, vom Heiligen Geiste erleuchtet, verkündigt, wenn er sagt: «In der Sonne schlug Er Sein Zelt auf. Sie selbst geht daraus hervor wie der Bräutigam aus seinem Gemach, froh wie der Held, der seine Bahn durchläuft. Sie geht hervor am Rande des Himmels, und wieder zum Rande des Himmels eilt sie dahin. Nichts kann sich vor ihren Gluten verbergen» (Ps 19,5–7).

Das soll bedeuten: Der Sohn Gottes zog in der Herrlichkeit Seiner Gottheit das Fleisch aus der Jungfrau an, die berufen ist zur Erlösung in der Wiederherstellung eines anderen Lebens als das Zelt des Menschengeschlechtes. Gott nämlich heißt die brennende Sonne, die alles Dunkel erleuchtet hat, als Er die Welt schuf. Aus Seiner Glut entzündete sich, gleichsam als Zelt, das Fleisch der Jungfrau, so daß der Mensch in um so glänzenderem Glauben und mit noch brennenderer Liebe daraus hervorging als damals, da Gott vor dem Fall dem Adam die Eva verband. Gott hatte ja den Mann stark geschaffen, schwach aber das Weib, dessen Schwäche die Welt hervorbrachte. Und so ist die Gottheit stark, das Fleisch des Gottessohnes aber schwach, durch das doch die Welt ihr früheres Leben zurückerhält. Denn dieses Fleisch ging rein und unversehrt, wie ein Bräutigam, aus dem jungfräulichen Schoße hervor. Das aber machte es so, wie wohl auch der Bräutigam in seiner großen Freude seine Braut im Verlöbnis in das Liebesnest seines Herzens aufnimmt, um ihr dann in seiner großen Liebe alle Schätze und seine ganze Ehre zu schenken. Danach jauchzte dieser Sohn Gottes auf; in der Höhe der Gottheit besaß Er, gleichsam ein Riese, dies so sehr in Seiner Wonne, daß weder Angst noch Zweifel in ihm blieben. Vor jedem anderen Sieger sollten die Wege verbaut werden, damit Er um so rascher eilen könnte, um die Rettung des Volks auf dem Weg der Wahrheit diesem Volke nun auch in eigener Person zu zeigen. Denn vom höchsten Gott her neigte sich Sein Ausgang, da Er vom Vater ausging, auf die Erde nieder.

Und so ist Er Mensch geworden, für alle ein einziger Sohn im Vermögen, ein einziger Sohn im Werke, ein einziger Sohn in der Befreiung. In diesem Fleische und mit jedem Seiner Werke ist Er in der Fülle zurückgekehrt zu Seinem Vater, indem Er leibhaftig unter großen Wundertaten in den Himmel aufstieg. Nichts gibt es, was sich dieser Leidenschaft der Gottheit entziehen könnte, da das Wort des Vaters selbst alles erschuf und sich das Fleisch anzog, um den Menschen in seiner Leiblichkeit zu befreien. Und so wird Er auch mit gerechtem Richterspruch alles richten, das Geringste mit dem Höchsten, das Jüngste mit dem Ersten. Denn aus Ihm nahm alles seinen Ursprung. (LVM 157/8; MV 193/4)

O Lebensgrün aus Gottes Hand,
aus dem Gott Seine Pflanzung setzte:
Hoch leuchte sie auf in der Höhe
wie eine Säule ragend empor,
so strahlend im Aufbau von Gottes Werk.

Du Gipfel des Berges,
nicht wanken wirst du,
wenn Gott dich prüft,
du stehst in der Ferne,
in einsamer Größe,
keiner hat Macht, dich zu ergreifen,
so strahlend bist du
im Werke Gottes!
(Carmina, 29)

Am Ende der Welt

Die Geschichte des Heiles hat sich vom Engelsturz über den gefallenen Menschen bis zum Erscheinen des fleischgewordenen Logos ausgespannt, um nun im Heiligen Geiste die Welt dem Gericht zuzuführen und die Seligen in der Goldenen Stadt zu versammeln. «Einer strahlenden Sonne gleich ließ Gott zu Anbeginn der Welt Seine Geschöpfe aufgehen. Er ließ sie dabei nicht nur ans Licht treten; sie sollten sich vielmehr zu ihrer Vollendung hin immer weiterentwickeln.» Mit dieser Vollendung und vor der Wiederherstellung kommt das Gefüge der Zeiten und Räume zu seiner letzten Katastrophe. Der Strom der Zeit wird in das Meer der Ewigkeit münden. Der Tag der großen Offenbarung bricht an!

Ich schaute weiter –: Und siehe, alle Elemente und jegliches Geschöpf wurden von einer allesdurchdringenden Bewegung erschüttert. Feuer, Luft und Wasser brachen hervor und ließen die Erde ins Wanken geraten. Blitze und Donner krachten, Berge und Wälder stürzten: Alles, was sterblich war, hauchte sein Leben aus. Und alle Elemente wurden gereinigt; aller Schmutz entschwand und ward nimmer gesehen.
Und ich hörte eine Stimme, die mit lautem Ruf über den ganzen Erdball erscholl: O ihr Menschensöhne alle, die ihr in der Erde lieget, stehet auf! Und siehe: Da kamen in einem ein-

zigen Augenblick alle Gebeine der Menschen, wo immer sie auf der Erde gewesen, zusammen; sie bedeckten sich mit ihrem Fleisch, und alle Menschen standen auf, mit unversehrten Leibern und in ihrem Geschlecht. Die Guten leuchteten in Herrlichkeit; die Bösen waren ganz schwarz. Denn eines jeden Werk war nunmehr an ihm offenbar...
Da plötzlich flammte Blitzesleuchten vom Osten her auf! Und ich sah in einer Wolke den Menschensohn daherfahren, mit dem gleichen Antlitz, das er auf Erden trug und mit offenen Wunden. Ihn begleiteten alle Chöre der Engel. Der Thron, auf dem Er saß, war eine Flamme, die in blendendem Glanze leuchtete, ohne zu brennen. Unter ihm aber begann der gewaltige Sturm der Weltenreinigung zu toben...
Nachdem also das Gericht vollzogen worden war, hörten auch das Blitzen und Donnern, die Winde und die Stürme auf. Alles, was an den Weltelementen vergänglich war, schwand in einem Nu dahin. Und es trat eine große Ruhe ein.
Da erstrahlten alsbald die Auserwählten, lichter als der Glanz der Sonne. Mit dem Sohne Gottes und den seligen Scharen der Engel zogen sie mit großer Freude in den Himmel ein, während die Verdammten mit dem Teufel und seinen Engeln unter lautem Aufheulen in den höllischen Abgrund fuhren. So nahm der Himmel die Auserwählten auf, und die Hölle verschlang die Verworfenen...
Und alsbald leuchteten alle Elemente in klarster Heiterkeit, als wenn ihnen eine ganz schwarze Haut abgezogen worden wäre, so daß das Feuer keine Brunst, die Luft keine Verdichtung, das Wasser keine Wallung, die Erde keine Gebrechlichkeit mehr an sich hatten. Auch Sonne, Mond und Sterne funkelten nun in voller Leuchtkraft und Schönheit wie der herrlichste Schmuck am Firmament. Und sie standen still, ohne

kreisende Bewegung. Sie bildeten keine Scheide mehr zwischen Tag und Nacht. Es war nicht mehr Nacht: Es war Tag. Das Ende war gekommen. (Sc 725/6; WW 334/5)

Alsbald aber werden aus der Fülle aller Freuden so jubelnde Lobgesänge in himmlischer Herrlichkeit erklingen, daß es die Fassungskraft menschlichen Erkennens übersteigt. Denn die Erbauer der Herrlichkeit des ewigen Jerusalems, die gläubig zu den Toren der Tochter Sion hineilen, sie werden leuchten im Lichte des ewigen Lebens, das die reinste Jungfrau in der Fruchtbarkeit ihrer Unversehrtheit den Gläubigen so wunderbar geschenkt hat.
Wenn dies alles geschehen ist, dann werden die Elemente in höchster Herrlichkeit und Schönheit aufleuchten. Alle Hüllen der Schwärze und des Schmutzes sind von ihnen genommen. Das Feuer glänzt golden ohne Brunst wie die Morgensonne. Die Luft ist ganz rein und leuchtend ohne Verdichtung. Das Wasser steht durchsichtig und still da, ohne den so verheerend überströmenden Anschwall. Die Erde zeigt sich stark und ebenmäßig ohne alle Gebrechlichkeit und Mißgestaltung. Alles steht nun da: in einem höchsten Zustand an Ruhe und Schönheit. Auch Sonne, Mond und Sterne glänzen nun am Himmel in lichter Klarheit und in helllstem Glanz wie kostbares Gestein auf goldenem Grund. Aufgehört hat die Unrast ihres Kreisens, das Tag und Nacht geschieden hatte. Unwandelbar sind sie geworden, seit die Welt nicht mehr ist. (Sc 729/30; WW 338/9)

Es ist nicht mehr Tag, nicht Nacht mehr: Das Ende ist gekommen!

Die Herrlichkeit der Heiligen

Die Goldene Stadt, das Neue Jerusalem, ist wie eine Braut gekleidet und geht der Hochzeit entgegen. Sie ist die Jungfrau, das «schöne Angesicht, das Gott anschaut», ein «grüner Garten voll der Lieblichkeit», «Duft und Widerduft aller lebendigen Zier». Sie ist die «Blüte des himmlischen Sion, die dem König vermählt ward», «der edelste Sprößling im himmlischen Jerusalem», ein köstlicher «Schatz im göttlichen Ratschluß», die «schöne Blüte aus ungepflügtem Acker», jene «prangende Blüte» aus der Unschuld des Paradieses.

Dieses hohe Lied auf die jungfräuliche Braut gilt vor allem Maria, der «viridissima virgo», dem «leuchtend grünen Reis», das seinen lieblichen Duft schenkte der schönen Pflanzung, die nun prangt in der «Fülle des Grün». Mit ihr wird die «goldene Zahl», der «numerus aureus», gekrönt, der die Lücke der Heilsplanung schließt und die Welt vollendet. Da Gott Mensch geworden, blieb Seine Menschheit der Turm, in dem jene nun wandeln, die im «zehnten Chore» verweilen (PL 886).

In dieser Herrlichkeit der Seligen nahm ich nun eine noch viel größere, unermeßliche Herrlichkeit wahr. Wie ich genauer darauf achten wollte, wurde mir klar, daß der Glanz ihres Strahlens eine solche Schönheit in allem Schmuck, eine solche Lieblichkeit aller Lieblichkeiten und Wonne über Wonne an Glückseligkeit in sich trug, daß kein Auge es sehen, kein Ohr es hören, noch je es im Herzen eines Menschen aufsteigen könnte, solange dieser im gebrechlichen und vergänglichen Leibe weilt. Daher wurde mir auch eine Art von Siegel vorgesetzt, durch das mir weitere Erscheinungen und noch mehr Wunder solcher Art verborgen wurden, als ich sie schon zuvor sehen durfte. Lediglich so, wie ich dies sah, wurde es auf mich zurückgeworfen. Und ich sah dies wirklich, und ich verstand es durch den lebendigen Geist.

Und aus dem lebendigen Licht hörte ich abermals die Stimme zu mir sprechen: Alles das, was du da siehst, ist wahr, und es ist

so, wie du es siehst, und es ist noch viel mehr. Und siehe: Ich hörte den äußerst süßen und lieblichen Klang einer Stimme, die mich wie Balsam durchträufelte und also zu mir sprach: «Ich bin die Kraft der Gottheit vor aller Ewigkeit und vor aller Zeit. Keinen Ursprung einer Zeit trage Ich in Mir. Denn Ich bin der Gottheit Kraft, durch die Gott alles aus Seiner Entscheidung und mit Seiner Bestätigung erschaffen hat. Ich bin auch der Spiegel der Vorsehung für alles. Mit allgewaltiger Macht ertönte Ich, da Ich ja das tönende Wort bin, jenes ‹Es werde!› nämlich, durch das die ganze Welt hervorgegangen ist. Mit lebendigen Augen habe Ich die Zeiten der Zeit unterteilt, wohl bewußt, was sie sein können und wie das alles sei. Mein Mund gab Meinem eigens berufenen Werke den Kuß, jenem Gebilde, das Ich aus dem Erdenlehm machte. In einzigartiger Weise habe Ich dieses Werk liebend umarmt. Und so habe Ich es durch den feurigen Geist zu einem Leibe verwandelt. Und ihm gab Ich alle Welt zu Diensten. Nachdem Ich zur Ruhe gekommen und wahrgenommen, wie dieser Mensch durch die List der Schlange betrogen ward, trat Ich voller Leidenschaft von neuem auf. Im Schoße der Jungfrau kam Ich abermals zur Ruhe... Aus dem Schoße der Jungfrau hervorgegangen, holte Ich in der Taufe Fluten den Menschen abermals heim. Auf diese Weise habe Ich den Samen des Mannes mit dem gleichen Wasser rein gemacht, wie auch das Feuer Wasser herauszieht, und so habe Ich alles geläutert. Mein Rad setzte Ich in Umlauf, um auch andere Geschlechter zu erneuern... Und so habe Ich durch die wahrhaftige Läuterung die wirklich Gläubigen und die wahrhaft Seligen zurückgeführt in die Herrlichkeit des Paradieses, zur vollen Herrlichkeit der himmlischen Freuden...
Jener machtvolle Glanz aber, den du seines übermächtigen Strahlens wegen nicht anschauen kannst, weil ein sterblicher

Verstand ihn nicht wahrnehmen könnte, geht von des Himmels Höhe aus, aus welcher Luzifer mit seinen Engeln herausgeworfen wurde. Dieser Glanz durchdringt und durchstrahlt die Herrlichkeit des Paradieses und erhält sie – wie du siehst – in der Lebenskraft der Grünheit und Schönheit... Dort im Himmelreich befinden sich alle Seelen, die auf der Welt unter der Last des tagtäglichen Lebens im Leibe gedient haben, um dabei doch im Geiste das Himmlische liebzugewinnen... In ihrer Anhänglichkeit an den Schöpfer und von Ihm begeistert haben sie ihr Tagwerk vollendet und empfangen so die Wonne aller Wonnen und die Schönheit unaussprechlichen Schmuckes. Sie sind die Gesegneten, und sie werden beim Richterspruch der Auferstehung von Meinem gebenedeiten Vater aufgerufen werden, um alsdann noch höhere Freuden zu empfangen, als sie jetzt schon haben. Denn jetzt können sie sich lediglich in ihrer seelischen Existenz freuen, dann aber werden sie mit Seele und Leib die Freuden genießen, die so unaussprechlich sind, daß kein sterbliches Geschöpf sie im sterblichen Zeitraum auszudrücken vermöchte.

Solcher Freuden Schmuck ist geistlicher Natur, und er dauert ewig und kann nicht abgeschätzt werden. Dabei finden sich keineswegs Gold, edles Gestein oder Geschmeide aus irdischer Asche in der Ewigkeit des Himmels vor, vielmehr werden die Auserwählten mit den guten und gerechten Werken auf geistliche Weise geschmückt, so wie ja auch ein Mensch sich nur körperlich mit kostbarem Geschmeide schmückt. Ich aber, der Baumeister der Welt, gab Meinem eigentlichen Werk, dem Menschen, mit jenem Wissen, das Ich in ihm angelegt habe, die Möglichkeit, seine eigenen Werke zu wirken, auf daß er mit Hilfe der Erde und des Wassers, über die Luft und das Feuer, aus denen er auch selber besteht, seine Werke zur Vollendung brächte. Immer wenn er Gutes wirkt, wird ihm der Schmuck aus seinen guten Taten in der Herrlichkeit des unausschöpflichen Lichtes auf ewig bereitet, so wie auch das Firmament mit den Gestirnen und die Erde mit den Blüten hier in der Zeit geschmückt werden...

In der himmlischen Heimat aber gibt es überaus viele Wohnstätten immer neuer und den Menschen unfaßbarer Wonnen. Sie bleiben bestehen ganz nach den Handlungen der Menschen, die sie durch Gottes Huld gewirkt haben. Der menschlichen Gebrechlichkeit können sie nicht gezeigt und erklärt werden, weil sie über jede menschliche Einsicht hinausgehen. Denn hier befinden sich in der Tat jene Wohnungen, die das Herz des Menschen nicht fassen kann und die keinem Wesen, das durch einen Körper beschwert ist, gezeigt werden könnten, wie dir auch weder sie selbst noch ihr Inhalt in ihrem Geheimnis enthüllt und – sei es auch noch auf die geringste Weise – eröffnet werden. Denn das Fleisch, von der Schuld niedergedrückt, erträgt nicht die Mysterien der himmlischen Dinge, es sei denn, daß es durch die Gnade der göttlichen Kräfte gestärkt würde. Die Pracht und die Freuden der himmlischen Wunderdinge aber erschaut kein Mensch, der von sterblichem Fleische beschwert ist, auf vollkommene Weise, noch könnte er sie im Bewußtsein seines Verstandes überhaupt ertragen, es sei denn, daß Gottes Wille dies – wie gewissen Heiligen und Propheten in der Vision – offenbart...

Alle Welt ging auf diese Weise aus Gottes Willen hervor, und sie erstrahlt aus Gott im ewigen Leben. Aus Ihm allein existiert sie, und alle Pracht und Freude und jegliche Stimme der Freudenfülle des ewigen Lebens kommt nur von Ihm. Denn die Werke der Erwählten, die aus dem Heiligen Geiste keimten, leuchten dort und leben wie in reinstem Golde und wie mit Edelsteinen und Geschmeide in der Fülle ihres Schmuckes geziert. Solche Pracht stammt nicht von der Art gewordener Stofflichkeit ab, sie wurde vielmehr von der Gottheit eigens auserlesen. Nun aber schmückt Gott in Seiner Wirklichkeit dich, o Mensch, der du aus irdischem Lehm geschaffen bist...

Dies alles ist die Wahrheit. Und sie wurde diesem einfachen Menschen auf verschiedenen Wegen des Wortes wahrhaftig gezeigt. Denn Ich, der Ich vom höchsten Vater ausging, um aus der jungfräulichen Mutter des Fleisches Grünheit anzunehmen. Ich habe diesen Menschen dazu erwählt. Er sollte mit ungefeilten Worten und ohne besondere menschliche Unterweisung dieses alles enthüllen, um es ohne jede beschattende Verdeckung mit seinen Worten vorzutragen, damit das Wissen der Wissenden die Einfalt des Unwissenden wohl bemerke und dabei den Schöpfer aller Dinge erkenne, jenes unvergängliche Licht, das in unauslöschlicher Flamme lodert, auf daß auch der kleine wie der mächtige Mensch sich vor solchen Erscheinungen in die Zucht nehme. Selig daher der Mensch, der durch Gottes Wunderwerke aufgerufen ist zu höheren Dingen!

Und ich hörte die Stimme, wie sie vom Himmel sprach: «Der Mensch, der dies schaut und im Schreiben weitergibt, sieht und sieht doch nicht; er spürt das Irdische und doch wieder auch nicht. Er trägt Gottes Wunderdinge nicht aus sich selbst vor, ist vielmehr davon so ergriffen, wie eine Saite durch den Spieler ergriffen wird, um ihren Ton nicht aus sich, sondern aus dem Griff eines anderen wiederzugeben...»

Und ich hörte die Stimme der Menge aus den Geheimnissen der Himmelshöhe antworten: «Es sei so! Amen! Und so soll es sein!» Und wiederum hörte ich die Stimme vom Himmel, die zu mir sprach: «Dies ist von der lebendigen Stimme des lebendigen und unvergänglichen Lichtes vorgetragen und ausgesprochen worden. Und es ist die Wahrheit. Der gläubige Mensch achte darauf, und er halte es ganz fest im Gedächtnis seines guten Gewissens.» (LVM 238–244; MV 285–293)

Und noch einmal hörte ich eine Stimme vom Himmel, die mich diese Worte lehrte: «Nun sei Gott Lob in Seinem Werke, dem Menschen! Um seiner Erlösung willen hat Er die gewaltigsten Kämpfe auf Erden gefochten. Er hat den Menschen gewürdigt, sich über die Himmel zu erheben. Zusammen mit den Engeln sollte er Sein Antlitz in jener Einheit loben, in der Er wahrer Gott und wahrer Mensch ist...

Nun sei abermals Lobpreis dem allmächtigen Gott in all Seinen Werken – vor der Zeit und in der Zeit! Denn Er ist der Erste und ist der Letzte!» (LDO 1037/8; WM 317/8)

Schlüssel der zitierten Werke

Lateinische Texte		Übersetzungen	
Scivias	Sc	Wisse die Wege	WW
Liber Divinorum Operum	LDO	Welt und Mensch	WM
Liber Vitae Meritorum	LVM	Mensch in der Verantwortung	MV
Causae et Curae	CC	Heilkunde	Hk
Physica	Ph	Naturkunde	Nk
Vita	V	Leben	Lb
Epistolae	Ep	Briefwechsel	Bw
Carmina	C	Lieder	L
Expositiones Evangeliorum	EE		
Patrologia Latina	PL		
Pitra, Analecta sacra	P		

Quellennachweis

a) Lateinische Texte

Sc = Scivias. In: S. Hildegardis Abbatissae Opera omnia (ed. J.-P. Migne). Patrologia Latina, tom. 197, col. 383–738. Parisiis 1882.

LDO = Liber Divinorum Operum. Ibd. col. 739–1038.

LVM = Liber Vitae Meritorum. In: Analecta Sanctae Hildegardis Opera Spicilegio Solesmensi parata (ed. J. B. Pitra), Analecta sacra, tom. 8, p. 1–244. Monte Casinense 1882.

CC = Causae et curae (ed. P. Kaiser). Lipsiae 1903.

Ph = Physica (Liber subtilitatum diversarum naturarum creaturarum. In: S. Hildegardis Abbatissae Opera omnia (ed. J.-P. Migne). Patrologia Latina, tom. 197, col. 1117–1124. Parisiis 1882.

V = Vita Sanctae Hildegardis auctoribus Godefrido et Theodorico monachis. Ibd. col. 91–130.

Ep = Epistolae. Ibd. col. 145–382.
Novae epistolae. In: Pitra, l. c. 328–440.

C = Carmina. Ibd. 441–467.

EE = Expositiones Evangeliorum. Ibd. 245–327.

PL = Patrologia Latina, tom. 197. Parisiis 1882.

P = Pitra, J. B. (ed.): Analecta sacra, tom. 8. Monte Casinense 1882.

b) Übersetzungen

WW = Wisse die Wege.
Der heiligen Hildegard von Bingen Wisse die Wege. Scivias. Nach dem Urtext des Wiesbadener kleinen Hildegardis-Kodex ins Deutsche übertragen und bearbeitet von Maura Böckeler. Salzburg: Otto Müller 1976 (6. Auflage).

WM = Welt und Mensch.
Das Buch «De operatione Dei». Aus dem Genter Kodex übersetzt und erläutert von Heinrich Schipperges. Salzburg: Otto Müller 1965.

MV = Der Mensch in der Verantwortung.
Das Buch der Lebensverdienste (Liber Vitae Meritorum). Nach den Quellen übersetzt und erläutert von Heinrich Schipperges. Salzburg: Otto Müller 1972.

Hk = Heilkunde.
Das Buch von dem Grund und Wesen und der Heilung der Krankheiten. Nach den Quellen übersetzt und erläutert von Heinrich Schipperges. Salzburg: Otto Müller 1957. 3. Aufl. 1976.

Nk = Naturkunde.
Das Buch von dem inneren Wesen der verschiedenen Naturen in der Schöpfung. Nach den Quellen übersetzt und erläutert von Peter Riethe. Salzburg: Otto Müller 1959.

Lb = Das Leben der heiligen Hildegard von Bingen. Herausgegeben, eingeleitet und übersetzt von Adelgundis Führkötter. Düsseldorf: Patmos-Verlag 1968.

BW = Briefwechsel.
Nach den ältesten Handschriften übersetzt und nach den Quellen erläutert von Adelgundis Führkötter. Salzburg: Otto Müller 1965.

L = Lieder.
Nach den Handschriften herausgegeben von Pudentiana Barth, M. Immaculata Ritscher und Joseph Schmidt-Görg. Salzburg: Otto Müller 1969.

Literaturhinweise

Bernhart, Josef: Hildegard von Bingen. Arch. f. Kulturgesch. 20 (1930) 249–260.

Böckeler, Maura: Der heiligen Hildegard von Bingen Reigen der Tugenden, Ordo virtutum. Berlin 1927.

– : Das große Zeichen. Die Frau als Symbol göttlicher Wirklichkeit. Salzburg 1941.

Bühler, Johannes: Schriften der heiligen Hildegard von Bingen. Leipzig 1922.

Clarus, Ludwig: Leben und Schriften der hl. Hildegard. 2 Bde. Regensburg 1854.

Creutz, Rudolf: Hildegard von Bingen, die erste deutsche Ärztin. Die medizinische Welt (1943) 734–737; 764–768.

Eltz, Monika zu: Hildegard. Freiburg, Basel, Wien 1963.

Fischer, Hermann: Die heilige Hildegard von Bingen. Die erste deutsche Naturforscherin und Ärztin. Ihr Leben und Werk. In: Münchener Beiträge zur Geschichte und Literatur der Naturwissenschaften und Medizin, H. 7/8 (1927) 381–538.

Führkötter, Adelgundis: Die Gotteswerke. Vom Sinn und Aufbau des Liber divinorum operum der heiligen Hildegard. Benedikt. Mschr. 29 (1953) 195–204; 306–314.

– : Hildegard von Bingen. In: Die großen Deutschen. Bd. 5 (Ergänzungsband). Berlin 1957, S. 39–47.

– : Hildegard von Bingen: Kosmische Schau. In: Große Gestalten christlicher Spiritualität (Hrsg. Josef Sudbrack und James Walsh). Würzburg 1969, S. 135–151.
– : Hildegard von Bingen. Salzburg 1972.
Hattemer, Margarete: Gesichte und Erkrankung der Hildegard von Bingen. Ein pathographischer Versuch. Hippokrates 3 (1930/31) 125–149.
Herwegen, Ildefons: Die heilige Hildegard im Lichte ihrer geschichtlichen Sendung. Der kath. Gedanke 3 (1930) 15–30.
Kaiser, Paul: Die naturwissenschaftlichen Schriften der Hildegard von Bingen. Beilage zum Jahresber. d. Königstädtischen Gymnasiums zu Berlin. Berlin 1901.
Koch, Josef: Der heutige Stand der Hildegard-Forschung. Hist. Zschr. 186 (1958) 558–572.
Lascar, Maria-Louise: Hildegard von Bingen. Der Weg der Welt. München, Berlin 1929.
Lauter, Werner: Hildegard-Bibliographie. Wegweiser zur Hildegard-Literatur. Alzey 1970.
Liebeschütz, Hans: Das allegorische Weltbild der heiligen Hildegard von Bingen. Leipzig 1930.
May, Johannes: Die heilige Hildegard von Bingen. Aus dem Orden des heiligen Benedikt. Ein Lebensbild. Kempten, München 1911.
Maurmann, Barbara: Die Himmelsrichtungen im Weltbild des Mittelalters. Hildegard von Bingen, Honorius Augustodunensis und andere Autoren. München 1976.
Rozumek, Angela: Die sittliche Weltanschauung der hl. Hildegard von Bingen (1098–1179). Eine Darstellung der Ethik des Liber vitae meritorum. Eichstätt 1934.
Schipperges, Heinrich: Krankheitsursache, Krankheitswesen und Heilung in der Klostermedizin, dargestellt am Welt-Bild Hildegards von Bingen. Med. Diss. Bonn 1951.
– : Das Bild des Menschen bei Hildegard von Bingen. Beitrag zur philosophischen Anthropologie des 12. Jahrhunderts. Phil. Diss. Bonn 1952.
– : Ein unveröffentlichtes Hildegard-Fragment (Codex Berolin. Lat. Qu. 674). Sudhoffs Arch. Gesch. Med. Naturwiss. 40 (1956) 41–77.
– : Hildegard von Bingen, Geheimnis der Liebe. Bilder von des Menschen leibhaftiger Not und Seligkeit. Olten 1957.

– : Hildegard von Bingen, Gott ist am Werk. Die Schöpfung der Welt in Gottes Ebenbild. Olten 1958.
– : Zur «Konstitutionslehre» Hildegards von Bingen. Arzt und Christ 4 (1958) 90–94.
– : Das Schöne in der Welt Hildegards von Bingen. Jb. f. Ästhetik und allgemeine Kunstwiss. 4 (1958/59) 83–139.
– : Heilmittel als Heilsmittler im Mittelalter. Arzt und Christ 6 (1960) 205–214.
– : Hildegard von Bingen – Werk und Wirkung. Ärztl. Praxis 13 (1961) 626.
– : Hildegard von Bingen – eine schöpferische Frau des 12. Jahrhunderts. Therapie des Monats 12 (1962) 40–44.
– : Das Menschenbild Hildegards von Bingen. Die anthropologische Bedeutung von «Opus» in ihrem Weltbild. Leipzig 1962.
– : Die Welt der Engel bei Hildegard von Bingen. Salzburg 1963.
– : Hildegard von Bingen. Leben und Werk im Dienste der Heilkunde. Biberach an der Riß 1964.
– : Anthropologische Aspekte im Weltbild Hildegards von Bingen. Trierer theol. Zschr. 74 (1965) 151–165.
– : Die Benediktiner in der Medizin des frühen Mittelalters. Leipzig 1965.
– : Welt und Mensch bei Hildegard von Bingen. Jb. f. Psych., Psychoth. u. med. Anthropologie 14 (1966) 293–308.
– : Historische Aspekte einer Symbolik des Leibes. Antaios 9 (1967) 166–180.
– : Schlüsselbegriffe um «Heil» und «Heiligkeit» bei Hildegard von Bingen. Arzt und Christ 19 (1973) 1–15.
– : Die Engel im Weltbild Hildegards von Bingen. In: Verbum et Signum, Bd. 2 (Hrsg. H. Fromm, W. Harms, U. Ruberg). München 1975, S. 99–118.
– : Kosmische Grunderfahrungen mittelalterlicher Heilkunde. In: Religiöse Grunderfahrungen. Quellen und Gestalten (Hrsg. W. Strolz). Freiburg, Basel, Wien 1977, S. 112–141.
– : Zur Heilkunst und Heilung im hohen Mittelalter. Der Krankenhausarzt 49 (1977) 11–17.
– : Heilkunde als Heilskunde bei Hildegard von Bingen. Die Heilkunst 90 (1977) 417–425.

Schmelzeis, J. Ph.: Das Leben und Wirken der hl. Hildegardis, nach den Quellen dargestellt. Freiburg 1879.
Schrader, Marianna und Adelgundis Führkötter: Die Echtheit des Schrifttums der heiligen Hildegard von Bingen. Quellenkritische Untersuchungen. Köln, Graz 1956.
Ungrund, Magna: Die metaphysische Anthropologie der heiligen Hildegard von Bingen. Münster 1938.
Widmer, Bertha: Heilsordnung und Zeitgeschehen in der Mystik Hildegards von Bingen. Basel, Stuttgart 1955.

Lebenstafel

1098	Geboren auf Gut Bermersheim bei Alzey
1106	Hildegard wird zur geistlichen Erziehung der Reklusin Jutta von Spanheim auf dem Disibodenberg anvertraut
1114	Empfängt von Bischof Otto von Bamberg den Schleier
1136	Wahl zur «magistra» des Nonnenkonvents
1141–1151	Entstehung des «Liber Scivias» (Wisse die Wege)
1150	Gründung eines Klosters auf dem Rupertsberg bei Bingen
1151–1158	Abfassung der natur- und heilkundlichen Lehrschriften (Physica; Causae et curae)
1158–1163	Entstehung des «Liber vitae meritorum» (Buch der Lebensvergeltung)
1160	Erste Predigtreise nach Mainz, Wertheim, Würzburg, Ebrach und Bamberg; eine zweite Reise führt über Trier nach Metz
1161–1163	Dritte Predigtreise über Boppard, Andernach, Siegburg nach Köln und Werden an der Ruhr
1163–1173	Niederschrift des «Liber divinorum operum» (Buch der Gotteswerke)
um 1165	Gründung eines Filialklosters in Eibingen oberhalb Rüdesheim
1170	Vierte Predigtreise nach Maulbronn, Hirsau, Kirchheim unter Teck und Zwiefalten
17. 9. 1179	Hildegard stirbt in ihrem Kloster auf dem Rupertsberg bei Bingen